Sonhos da periferia

Sergio Miceli

Sonhos da periferia

Inteligência argentina
e mecenato privado

todavia

Para los hermanos
Adrián Gorelik
Alejandro Blanco
Carlos Altamirano
Jorge Myers

Introto 9

A vanguarda argentina na década de 1920 19

A inteligência estrangeirada de *SUR* 38
Economia e sociedade 41
Política (guerra) 52
Política (nação) 66
Literatura 75
Epílogo contrastivo 89

Sexo, voz e abismo 96
Vidas de romance 99
Celebridades literárias 104
Poética confessional 112
Tintas do corpo e da alma 119
Desfechos autorais 125

Notas 129
Índice onomástico 173

Introito

O interesse pela história intelectual e cultural da Argentina me levou a compará-la com o caso brasileiro. Elegi a década de 1920 como ponto de partida por permitir o confronto das vanguardas literária e artística, as quais coincidiam, aqui e lá, com a vigência de regimes oligárquicos de fachada democrática. Nosso movimento modernista irrompeu, não por acaso, sob os auspícios da elite paulista, sócia majoritária da República do Café com Leite; a vanguarda da revista *Martín Fierro* emergiu nos anos de prosperidade do presidente Marcelo Alvear. O desmonte da República liberal argentina liquidou a supremacia do Partido Radical, contra o qual se irmanaram as frações dirigentes que vislumbraram, no golpe militar de Uriburu, a mortalha do arrastão popular impulsionado pela reforma eleitoral de Saenz Peña em 1912. Tanto a morfologia da inteligência como os padrões de envolvimento dos intelectuais na política sofreriam transformações drásticas na década seguinte.

A crise de 1929, a debacle econômica, a derrubada dos governos constitucionais em 1930, o protagonismo emergente dos escalões intermediários das forças armadas, o rearmamento institucional da Igreja, as mudanças na composição da classe trabalhadora e no comando do movimento sindical, o peso crescente do empresariado industrial, eis, na história desses países, alguns ingredientes comuns que lastrearam o regime político híbrido, vigente ao longo dos anos 1930 até o final da Segunda Guerra Mundial. Tais mudanças adquiriram feição própria em cada sociedade e, ao cabo, moldaram as condições de existência da intelectualidade e os rumos da redemocratização no pós-guerra.

Enquanto no Brasil foi se configurando um regime de cooptação dos intelectuais pelo Estado, no país vizinho a inteligência subsistiu dependente do mecenato privado. Foram arranjos gestados por modalidades antípodas de heteronomia. A revista *SUR*, criada em 1931, constituiu a *alma mater* na maturidade de um campo de produção cultural subsidiado por patronos da elite. Sobressai como experimento único, sem paralelo na história intelectual brasileira. A família Mesquita assumiu o controle da *Revista do Brasil* quando o estado de São Paulo ainda não se tornara a meca da atividade cultural. A expansão de grandes editoras (Cia. Editora Nacional em São Paulo, Globo no Rio Grande do Sul, José Olympio no Rio de Janeiro), o surgimento de periódicos como o católico *A Ordem* e os demais veículos de militância, à direita e à esquerda, não tiveram envergadura simbólica e repercussão intelectual comparáveis ao impacto exercido pela revista argentina.

Outros traços diferenciam a experiência portenha e revelam um modelo de gênese e de funcionamento do campo intelectual bem distinto do nosso. Os mentores de *SUR* conceberam um veículo versátil de difusão de ideias e de inventos literários, apto a se projetar em escala supranacional, nos âmbitos hispano-americano, latino-americano e quiçá mundial. A língua espanhola franqueava o acesso a mercados estrangeiros, a começar pelas praças latino-americanas, ao passo que o idioma brasileiro estava confinado ao território nacional. *SUR* se inspirava em revistas europeias de cultura, buscando ombrear com elas em matéria de cosmopolitismo, no papel de ponta de lança na divulgação de escritores, de ensaístas e de filósofos, procedentes das metrópoles do Velho Mundo e do nascente polo norte-americano.

Por outro lado, a dianteira do patrocínio coube à figura ímpar da escritora e socialite Victoria Ocampo, investida de um protagonismo de gênero pouco usual, o qual, mesmo soando menos extravagante em Buenos Aires, fugia aos moldes de feitorias homólogas no Brasil. A presença de mulheres da elite nos quadros dirigentes de entidades culturais,[1] a linhagem de poetisas de alguma nomeada, o feminismo embrionário de escritoras e periodistas, a existência de dicionários e repertórios biográficos de mulheres ilustres, a copiosa literatura sobre mulheres atuantes na política – Manuela Rosas de Terrero, María Eugenia Castro, Alicia Moreau de Justo, Eva Perón – sinalizam espaços de atuação menos acanhados em prisma comparativo. Menos que o caráter precursor, tão insistente na louvação de Victoria, merece realce a voltagem de autoridade ao alcance de agentes femininas no caso argentino.

A mirada internacionalista espelhava a autoimagem triunfante da elite nativa, o sonho de erigir, do recesso da periferia, a expressão convincente de uma arte própria, de lavra autóctone, autêntica, liberada de peias nacionais, capaz de se equiparar à melhor literatura do mundo. O exame dos bastidores societários e políticos do projeto estético radical permitiu desentranhar as constrições e os impasses que se interpunham à conquista das metas almejadas de legitimidade simbólica. Sem menosprezar ou exaltar os desígnios de projeção global, a inteligibilidade da façanha editorial esquadrinhou as circunstâncias históricas que deram prumo e feições por vezes destoantes e a contrapelo das expectativas dos mentores.

A década de 1930 é particularmente esclarecedora no tocante aos condicionantes cerceadores do trabalho intelectual. Por conta do agravamento em surdina do conflito distributivo, em sociedades dilaceradas por embates políticos cujo desfecho redundou em arranjos autoritários e populistas, nenhuma iniciativa intelectual, nem mesmo aquela dotada de lastro financeiro a fundo perdido, como no caso de *SUR*, foi capaz de se esquivar das pelejas em torno do controle ideológico dos grupos dirigentes, tampouco dos desafios de arbitragem inerentes à competição pela autoridade cultural. Juntem-se às turbulências do contexto doméstico os percalços suscitados por sucessivos experimentos totalitários – na Espanha, na Itália, na Alemanha –, confluindo na eclosão da Segunda Guerra Mundial. O manejo da política editorial de *SUR* teve de dar respostas ao que se passava no país e no exterior, em meio a confrontos contundentes em que colidiam grupos de interesse, instituições e lideranças, a braços com tábuas de valores e princípios ideológicos contrastantes.

A montagem do livro contemplou a passagem entre as décadas de 1920 e de 1930, a transição entre o estouro da vanguarda *martinfierrista* e a decantação da reforma literária, cujos propulsores foram acolhidos pelo mecenato conservador. O sumário inclui meu primeiro escorço comparativo das vanguardas brasileira e argentina, inédito em português,[2] o estudo da revista *SUR*, desde a criação até o final da Segunda Guerra Mundial, e o artigo a respeito dos escritores Alfonsina Storni e Horacio Quiroga,[3] *outsiders* pelo prisma dos consagrados sob a tutela de Borges.

O exercício comparatista divulgado posteriormente sofreu ajustes que ampliaram o escopo da análise,[4] mas o ensejo de publicá-lo se justifica pelo destaque conferido de saída ao papel do mecenato privado na conformação da inteligência argentina. Desde o começo da investida sobre os letrados argentinos, por volta de 2001, um traço recorrente sobressaía como aquele que dava liga à vida intelectual no período em questão: eram as iniciativas empreendidas por famílias e figurões do patriciado ou por magnatas da imprensa no campo de produção cultural. O contraste era flagrante com o centralismo da intervenção estatal no caso brasileiro.

Embora tal característica tenha subsistido no cerne da argumentação, o enfoque comparativo elegeu terrenos de confronto em torno de outras variáveis estruturais que moldaram a gestação do campo literário. As diferenças nos padrões de dependência cultural da periferia latino-americana perante as metrópoles europeias, a história social dos escritores da geração inicial de vanguarda e o repique de tais constrições na linguagem e na substância temática dos mestres na poesia e no ensaio, eis os focos privilegiados em *Vanguardas em retrocesso*.

O exame da revista SUR, entre 1931 e 1945, aborda o experimento-chave da cena intelectual no período subsequente, em meio à tumultuada conjuntura política nos planos doméstico e internacional. Somava-se aí o empreendimento da elite cultivada às sumidades da inteligência, parceria que enfrentou litígios com grupos concorrentes pela hegemonia de legitimidade. Não bastava conhecer o periódico, por mais instigantes que fossem os materiais de leitura. Os achados interpretativos dependem da imersão na historiografia do período, para atinar com as condições em que estava sucedendo o trabalho intelectual.[5]

O manuseio dos exemplares logo se mostrou tão importante quanto a leitura das matérias. Algumas feições inusitadas, que adquiriram peso no desenho da interpretação, podem parecer descabidas no entender dos devotos do pensamento "puro", assombrados pelo primado do texto em detrimento do que consideram anedótico: as escolhas concernentes à montagem do índice, ao tamanho das seções, ao diálogo entre texto e imagem, ao projeto gráfico. Fiquei impressionado com o considerável espaço concedido pela revista à cobertura dos eventos culturais destinados ao público de elite; e mais ainda pelo alvitre do descarte desse material na maioria das interpretações. Como se o engate do leitor refinado com a proposta pudesse borrar as pegadas de tamanha afinidade no teor do espelho.

O encaixe de tais feições afiou o talhe sociológico, a começar pelo retrato coletivo dos mentores. A intromissão contumaz de opiniões e de pronunciamentos dos colaboradores, a incidência de textos memorialísticos, a triagem de eventos culturais suscetíveis de chancela, as propagandas de bens suntuários dizem muito, e de modo eloquente, acerca do perfil de renda e de gosto dos leitores. Em vez de aspectos corriqueiros do material, constituem achegas esclarecedoras a respeito do tipo de cultura em progresso. Para desconcerto dos estetas, o anúncio de pianos de cauda é tão revelador quanto a peroração patrioteira de Mallea ou os artifícios literários de Borges. Ecoando o bordão determinista, toda disposição intelectual retém as marcas das condições em meio às quais se forma.

Outro tópico controverso tem a ver com os posicionamentos políticos dos principais colaboradores da revista. Alguns intérpretes imaginam contornar o desafio ao caricaturar o perfil dos contendores, a fim de resguardar as veleidades literárias do projeto de griffe. Qualquer contestação é logo tachada de abusiva, gesto de lesa-majestade, injúria a desígnios culturais tidos como imarcescíveis. Tais juízos obscurecem o pano de fundo dos embates ideológicos, não se podendo tomar o escapismo como sucedâneo de postura ilustrada ou de resguardo diante de compromissos doutrinários. *SUR* não deve ser apreciada como a redoma intangível da excelência cultural, infensa às tensões entre os litigantes na cena intelectual nativa, a salvo do varejo comezinho das lutas classificatórias.

O enfrentamento das provocações feitas pela facção católica reacionária torna inteligíveis os móbeis de luta no interior do campo intelectual argentino, estipula os limites postos à estratégia de combate idealista no contrapé da política e revela alguma tangência de postura diante de terceiros, os cristãos extremados. Tomando o lugar do tratamento apologético de *SUR* como instância suprema em matéria de legitimidade, o desbaste dos embaraços políticos dos quais a revista não conseguiu se livrar propiciou o escrutínio judicioso do papel inovador que ela desempenhou como a medida "universal" dos assuntos culturais naquela conjuntura.

Não sou contra nem a favor de *SUR*: quis elaborar uma análise do experimento suscetível de combinar o perfil morfológico dos mentores, a peleja doutrinária e política da qual foram sujeitos e contendores e o invejável patrimônio simbólico que se empenharam em construir. Não pretendo me alinhar às teses contrastantes sobre *SUR*, na medida em que se mostram tão interessadas em interpor a diagnose interpretativa como insumo de combate em pleitos de arbitragem que extravasam o objeto. Refuto as armadilhas de praxe: a toada culturalista apartada do acicate político; a denúncia vazia do empreendedorismo de classe; o louvor estetizante de primícias literárias.

O artigo sobre Alfonsina Storni e Horacio Quiroga foi concebido em resposta a exigências de uma pesquisa com desígnio distinto.[6] Bem antes, ambos já haviam me interessado por terem sido rechaçados pelo grupo de Borges e por conta da oscilação gritante das medidas de reconhecimento de seus méritos literários. Relegados durante certo tempo como escribas prolixos, destituídos de fatura literária de qualidade, amargaram um período prolongado de ostracismo em matéria de legitimidade. O sucesso alcançado na mídia impressa da época contribuiu para inviabilizar a indulgência rara vez concedida em tal circunstância, o consolo de serem admirados pelos pares. Alfonsina, poetisa e cronista com pauta de assuntos feministas, e Quiroga, contista e novelista de temas sórdidos e escabrosos, além dos direitos autorais auferidos por sucessivas edições das obras, garantiam a sobrevivência colaborando num espectro diversificado de impressos: periódicos literários, revistas de variedades, magazines voltados ao público feminino, suplementos e colunas em jornais.

Não obstante, a recusa dos ungidos não foi capaz de eternizá-los no limbo dos medianos. O crescente interesse do público e dos críticos virou o jogo. As peculiaridades da escrita, a atualidade de certas vertentes temáticas – a alforria erótica da mulher emancipada, as relações de gênero conturbadas e assimétricas –, a tensão entre explosão subjetiva e dicção expressiva, tudo isso acelerou a reversão da fortuna crítica.

A reedição do diário de viagem a Paris, de Quiroga, lançado em tiragem restrita em 1950, a reverência de críticos reputados como Emír Rodríguez Monegal, a reunião em diversos tomos das obras completas da dupla pela Editorial Losada na década de 1990, os volumes de correspondência, a enfiada de biografias, os contos completos de Quiroga na prestigiosa coleção Archivos eram sinais cumulativos do revisionismo em andamento. Da condição de escritores relegados, incapazes de sustar reverberações tidas como inapropriadas entre vida e obra, como pregava a cartilha da estética pura, eles passaram ao status de escritores singulares, originais, candentes, quase cult, testemunhos incontornáveis de transformações de peso no campo literário. O interesse pelos escritos redobrou a curiosidade pelas extravagâncias de vidas romanescas. Os projetos bem-sucedidos de história da literatura argentina, nas últimas décadas, lhes concederam espaço e tratamento crítico condigno.

A redação de "Voz, sexo e abismo" atendeu a um roteiro peculiar de hipóteses. Em vez do confronto de obras que havia de início cogitado, procedi à indagação sobre o trânsito de empréstimos e intercâmbios entre artefatos veiculados pela indústria cultural e pela cultura erudita, por meio do enfoque de trajetórias cruzadas, em diferentes dimensões, sobretudo no que respeita à inserção de ambos como autores bem-sucedidos em termos de vendas e de repercussão na mídia e junto aos leitores.

A condição de escritores de êxito comercial converteu suas vidas em objetos de interesse por parte das revistas de variedades, de modo que ambos fizeram jus a entrevistas, a matérias especiais e ao tratamento iconográfico reservado às figuras populares do *star system* da época. Priorizei o exame da poesia e das crônicas de Alfonsina, valendo-me de Quiroga como figura de contraponto, na mira dos enlaces e dos desencontros. A leitura do acervo de imagens buscou interpretá-las à luz dos empenhos negociados entre eles e as diretrizes promocionais de cobertura da mídia impressa.

O artigo faculta ao leitor o acesso ao universo existencial e profissional de escritores que não dispunham, na década de 1930, dos créditos de reconhecimento desfrutados pelo pessoal de *SUR*. Embora preteridos em termos de recepção, eram capazes de sobreviver com os proventos assegurados por meio de colaborações em jornais e revistas, cujos públicos possuíam padrões de gosto e repertórios bem distintos daqueles característicos dos consumidores de elite. Trata-se do fecho na visada de conjunto de espaços estratégicos do campo intelectual em formação, na órbita dos escritores incensados pelo mecenato privado.

Em retrospecto, o leitor tem em mãos um retrato fidedigno da inteligência argentina na década de 1930, desde os primórdios do contexto de emergência da vanguarda, passando pela reforma cultural vitoriosa no bojo da revista *SUR*, até o registro compassivo das experiências de vida e de trabalho de letrados profissionais que lograram sobreviver à custa de encomendas destinadas ao público heterogêneo da indústria editorial. As vanguardas em retrocesso se transmutaram em quadros intelectuais cosmopolitas, propensos a estesias, cujos propósitos de projeção extraterritorial encontraram guarida estrangeira aos reclamos de invenção original.

A vanguarda argentina
na década de 1920

Não é a primeira vez que me sinto tentado a arriscar um esboço analítico da vida intelectual e artística de outros países latino-americanos, alguns dos quais, México e Argentina em especial, sempre me pareceram comparáveis ao Brasil. Já por ocasião da temporada como professor-visitante na Universidade de Chicago, em 1993, fiz um rastreamento bibliográfico a respeito dos muralistas mexicanos, no intuito de confrontar seus trabalhos com os de artistas brasileiros a braços com encomendas semelhantes de murais e afrescos, como Portinari, Di Cavalcanti e Guignard. Por conta da exiguidade de tempo e pela premência de finalizar o livro que estava então redigindo acerca dos retratos da elite brasileira, acabei não levando adiante esse intento de aproximação.

Desta feita, o estágio prolongado como *fellow* em Stanford propiciou o acesso a um acervo precioso da história cultural argentina. Ao longo de meses de leituras e anotações, entremeadas pela imersão nas obras literárias e plásticas das principais figuras examinadas, convenci-me de que talvez valesse mesmo a pena correr o risco de esboçar um perfil compreensivo da vanguarda argentina nos anos 1920, com ênfase nos aspectos e dimensões mais propícios à formulação de eixos instigantes para um confronto analítico estrutural, capaz de permitir um encadeamento esclarecedor entre constrições sociais, mapeamento de posições no interior do campo intelectual em constituição e as obras derivadas desse contexto.

Farei um esboço sumário de feições estruturais do campo literário argentino no período em apreço, sem incluir por ora uma análise circunstanciada das trajetórias e obras dos escritores representativos das posições estratégicas que estavam aí se moldando.

A despeito das diferenças morfológicas entre os países mencionados – concernentes ao perfil dos respectivos sistemas de ensino e, por conseguinte, aos níveis de alfabetização, às características do ensino superior, ao tamanho do público consumidor de obras culturais e à diferenciação e diversificação internas logradas pelos respectivos campos de produção cultural –, existem outras injunções estruturais capazes de justificar tal abordagem. E a mais importante delas tem a ver com a posição periférica das sociedades latino-americanas em relação às metrópoles culturais europeias, situação histórica peculiar que lhes permitiu, ao mesmo tempo, desvencilhar-se dos entraves e ditames impostos pelas potências colonizadoras declinantes, Espanha e Portugal.

Apesar do impacto bastante desigual exercido pelos modernismos português e espanhol em antigas áreas de influência na América Latina – tendo sido bem mais intensas as trocas entre escritores espanhóis, argentinos e mexicanos, do que entre escritores portugueses e brasileiros –, o recuo das ex-metrópoles como exportadoras de modelos, estilos e linguagens culturais apressou a tomada de consciência em rumo nativista por parte das camadas cultas dos grupos dirigentes nas ex-colônias.

Se comparada à situação prevalecente no mercado latino-americano de bens culturais, pautado, concomitantemente, pelo predomínio da língua espanhola e pela alternância dos centros aspirantes ao papel hegemônico, como atesta a concorrência entre Cidade do México e Buenos Aires, a unificação linguística brasileira se viabilizou ao preço de um domínio crescentemente centralizado no eixo Rio de Janeiro-São Paulo, em torno do qual passaram a girar os principais núcleos regionais de alguma expressão (Porto Alegre, Belo Horizonte, Salvador, Recife, os de maior envergadura). O legado da história cultural desses países, desde o período colonial, passando pelas guerras e movimentos de independência, até a era de consolidação dos governos nacionais republicanos, também contribuiu de modo decisivo para as feições assumidas pelos diferentes movimentos de renovação literária e artística no início do século XX. Como bem o demonstra a herança tão variegada de temas, linguagens e modelos de excelência das gerações arcádica, romântica e realista, nos países mencionados, os materiais culturais mobilizados pelos movimentos de vanguarda não podiam deixar de se nutrir da imersão no panteão compartilhado de referências de toda ordem. Basta pensar no impacto exercido pela geração de Machado de Assis, Joaquim Nabuco e José Veríssimo sobre as conjunturas posteriores do sistema literário brasileiro, ou então na presença avassaladora das obras e dos modelos de fatura poética impostos pelo nicaraguense Rubén Darío (1867-1916) e pelo argentino Leopoldo Lugones (1874-1938) sobre as gerações subsequentes de poetas hispano-americanos, para aquilatar os termos em que sucedia esse diálogo de crítica, ruptura e continuidades no interior de cada um dos campos nacionais de produção cultural.[1]

Aos olhos de um estudioso da vida intelectual brasileira, os traços mais salientes das condições de funcionamento e da estrutura do campo literário e artístico na Argentina, nas décadas de 1910 e 1920 do século passado, têm a ver com a virtual ausência de iniciativa governamental ou pública em matéria de produção cultural. Embora diversos especialistas e obras tenham frisado as peculiaridades da pujante indústria cultural argentina no período histórico em apreço, parece-me mais esclarecedor entender essa modalidade de organização da vida cultural em termos de um mecenato privado, exercido ora em caráter pessoal por figuras ilustres de famílias da elite dominante, ora por intermédio de empresários emergentes, especializados na produção de jornais, revistas ilustradas e livros, ora pelas frentes empresariais na área cultural sob chancela e tutela de organizações políticas (partidos de direita e esquerda, sindicatos) ou confessionais (Igreja católica).[2]

Dito de outro modo, o mecenato privado mediado pelas diversas frentes e empreendimentos na indústria cultural de impressos ampliou bastante a esfera de sua influência pelo fato de a produção editorial argentina desfrutar então de uma posição de força no âmbito do intercâmbio cultural entre a Espanha e os demais centros latino-americanos de fala espanhola. Aliás, a maior proximidade dos intelectuais argentinos de vanguarda em relação aos paradigmas e linguagens do modernismo espanhol – como, por exemplo, do chamado movimento ultraísta, por meio de figuras líderes, como Rafael Cansinos-Assens, Guillermo de Torre, este futuro cunhado de Borges, Ramón Gómez de la Serna etc. – se fazia acompanhar por uma ligação cada vez mais estreita com artistas e intelectuais latino-americanos – o pintor mexicano Siqueiros (1896-1974), o ensaísta e diplomata mexicano Alfonso Reyes (1889-1959), os poetas Gabriela Mistral (Chile/1889-1957) e Pablo Neruda (Chile/1904-73), todos eles tendo residido por longas temporadas em Buenos Aires, em convívio próximo e colaborativo com pares locais.[3]

Os modernistas brasileiros jamais tiveram relações tão íntimas com a intelectualidade do modernismo português, e tampouco se mostraram receptivos a propostas, linguagens e experimentos de contemporâneos em outros países latino-americanos. Basta contrastar a repercussão das temporadas de residência e trabalho do embaixador mexicano Alfonso Reyes nas capitais argentina e brasileira nos anos 1920 e 1930. Os volumes publicados de correspondência e de ensaios de

Reyes comprovam a importância dele em Buenos Aires, o fascínio exercido sobre a geração emergente de escritores, os quais pareciam extasiados de admiração intelectual pelo polígrafo Reyes como estilista de primeira água; a breve temporada no Rio de Janeiro, durante o governo Vargas, deixou rastro nos retratos dele e da esposa, encomendados a Portinari, sem suscitar onda idêntica de entusiasmo junto às lideranças do ambiente literário carioca.[4] As ligações de artistas brasileiros e argentinos com as tendências inovadoras em voga na França se assemelham bem mais do que as conexões desses campos de produção intelectual com seus congêneres latino-americanos.

Na mesma época, outro elemento distintivo das vanguardas literárias em ambos os países é o papel de relevo desempenhado pelas escritoras mulheres, ou melhor, pelo impacto de um expressivo registro quase feminista. Contudo, enquanto no Brasil as poucas escritoras se viram relegadas a uma posição marginal na hierarquia interna do campo intelectual – é o caso paradigmático da militante, prosadora e jornalista Patrícia Galvão (Pagu) –, as trajetórias contrastantes de diversas escritoras argentinas no período evidenciam os espaços sociais e institucionais que estavam se abrindo às vozes e interpretações femininas.

O campo intelectual argentino abrigava então escritoras de elevada condição social ao lado de outras que dependiam de seus escritos para sobreviver: Norah Lange e Nydia Lamarque provinham do mundo das mansões da alta classe média portenha;[5] Alfonsina Storni (1892-1938), filha de imigrantes genoveses cujos negócios na Argentina acabaram falindo, subsistia, primeiro, por meio de seus proventos no magistério público e particular, mais adiante por conta de livros de poesia, grande sucesso de vendas nos anos 1920, e de colaborações na imprensa.[6] Norah fora amiga de juventude do grupo íntimo em torno de Borges, de quem era aparentada e que redigiu o prefácio de seu livro de estreia.[7] Mais tarde se casou com o poeta Oliverio Girondo (1891-1967).

Talvez se possa aflorar certos contornos do processo de renovação literária na Argentina dos anos 1920 a partir dos elementos de diferenciação embutidos no mito de origem cujo cerne é a competição envolvendo os grupos de intelectuais radicados em dois endereços urbanos – as ruas Florida e Boedo. Tal confronto como que sintetizaria os perfis heterogêneos dos integrantes desses círculos de intelectuais.

Ainda que não se possa reduzir o nervo desse embate a um conflito entre argentinos de velha cepa (os *criollos*) e imigrantes de implantação recente, as representações derivadas de modalidades antagônicas de itinerário social guarnecem a defesa ideológica das posições conquistadas no campo intelectual. A despeito da mobilidade persistente de alguns poucos escritores em ambos os territórios, as características predominantes nesses círculos como que enunciam, em compacto, as forças que os impeliram à elaboração de representações literárias aptas a tematizar suas experiências de vida e, ao mesmo tempo, de expressar percepções divergentes das mudanças em curso na sociedade argentina.

Os jovens escritores de Boedo eram, em maioria, filhos de imigrantes de condição modesta, muitos deles autodidatas, sequiosos de saber manejar os recursos e procedimentos da literatura consagrada, mas confinados à confecção de uma prosa realista, em contos e novelas destinados a uma circulação mais ampla, aos segmentos do público popular. Empenhados em manifestar uma atitude politizada, praticantes de uma "arte pelo povo", em sintonia com os problemas dos bairros operários, do submundo e da marginalidade, o pessoal de Boedo, "um bairro de trabalhadores de classe média" – incluía diversos escritores e periodistas de famílias judias e italianas recém-imigradas, que não moravam ali. Costumavam se reunir na *calle* Boedo, numa livraria modesta, propriedade de um catalão (Francisco Munner), cujos fundos abrigavam a gráfica de Zamora, um socialista de direita que imprimia a literatura social da época.

Por sua vez, as figuras renomadas de Florida, entre as quais se incluíam os integrantes da velha guarda, os escritores Ricardo Güiraldes (1886-1927), Macedonio Fernández (1874--1952), o editor Evar Méndez, ao lado dos jovens Jorge Luis Borges (1899-1986), Oliverio Girondo, Francisco Luis Bernárdez (1900-78), Leopoldo Marechal (1900-70), Ulyses Petit de Murat (1907-83), entre outros, provinham de famílias ilustres da oligarquia argentina e eram dotadas de um sólido cabedal de relações, ostentando com orgulho sobrenomes de personagens heroicos da história nacional, a que se juntava por vezes a fruição de um patrimônio material considerável. Tendo nascido e se educado em famílias que faziam frequentes e prolongadas viagens à Europa, em cujas capitais muitas delas residiram por longos períodos, esses jovens letrados eram versados em línguas estrangeiras e se lançaram como baluartes e guardiães de um manejo elevado e virtuosístico do idioma espanhol. Tal vantagem cultural suscitou uma postura estética inovadora, numa feição característica de "arte pela arte", e lhes facultou a prática de gêneros literários mais exigentes em termos de invenção formal e reconhecimento crítico, como eram a poesia, a prosa poética e o ensaio.

Havia ainda alguns escritores de valor que transitavam em ambos os círculos, como os irmãos Raúl González Tuñon (1905--74) e Enrique González Tuñon (1901-43), ou o prosador Roberto Arlt (1900-42). Filho de imigrantes pobres e trabalhadores, sem instrução, Arlt ascendeu social e profissionalmente por meio do jornalismo, sendo o produto característico do engate entre as demandas padronizadas da mídia impressa e o projeto de reciclar tais materiais, procedentes do folhetim, da literatura de evasão, das revistas de divulgação, dos manuais de boas maneiras e dos livros de autoajuda, em novelas e dramas.

A trajetória peculiar de Raúl Tuñon evidencia uma politização cosmopolita e internacionalizada da vida intelectual argentina, a qual não encontra paralelo brasileiro. Os sete irmãos Tuñon descendiam de imigrantes espanhóis recentes, que se viam como "pobres" com rendas folgadas, possuidores de casa própria, com fortes inclinações socialistas, sócios-proprietários de uma pequena fábrica de calçados, cujos avós e bisavós eram todos operários. Enrique e Raúl trabalharam em seções fixas do jornal *Crítica*, o primeiro, um exegeta culto do tango, com *sueltos* sobre a vida portenha, o segundo como o colunista de "Crônicas da Semana", abordando tópicos urbanos variados, corridas de cavalos, futebol, cabarés, com um tratamento mais propriamente jornalístico do que as famosas "Aguafuertes" de Arlt.

Mais tarde, Raúl se casou com Amparo Mom, prima-irmã da esposa de Botana e irmã de Arturo Mom, crítico de cinema e colega no diário de Botana. Os irmãos Tuñon participaram do movimento de vanguarda, tendo colaborado na revista *Martín Fierro* e na revista *Proa*, de Güiraldes. Em 1925, Raúl estreou em livro com o volume de versos *El violín del diablo*, editado por Manuel Gleizer, na mesma época em que começou o trabalho em *Crítica*, colaborando ainda no suplemento dominical de *La Nación*; em 1928, com o dinheiro do prêmio municipal que lhe fora concedido pelo lançamento do segundo livro, *Miércoles de Ceniza*, empreende a primeira viagem à França.

Após a cobertura jornalística da Guerra do Chaco, entre Bolívia e Paraguai, acaba exilado em 1930 pela ditadura de Uriburu e, já na Espanha, se envolve com grupos intelectuais simpatizantes da Frente Popular, aproximando-se de socialistas e comunistas; em 1935, por ocasião do Primeiro Congresso

Internacional de Escritores para defesa da cultura contra o nazi-fascismo, em Paris, entra em contato com figuras destacadas da inteligência francesa e soviética; dois anos depois, retorna à Espanha como correspondente de *El Diário*, incumbido de cobrir a guerra civil, e participa do Segundo Congresso Internacional de Escritores (Valência, Madri e Barcelona), no qual tomou a palavra como representante dos delegados latino-americanos.

A mobilidade espacial de Raúl Tuñón – com missões e temporadas no Uruguai, no Chile, no Brasil, na Espanha etc. – é sintomática da maior centralidade e do impacto continuado da vida cultural espanhola, na figura de alguns de seus intelectuais combativos, espraiando-se nas diversas praças importantes em que se alicerça o mercado editorial e literário nos países hispano-americanos. Esses fluxos de intelectuais, de ideias, de movimentos e linguagens embasam uma postura marcadamente internacionalista e, sobretudo, mais aberta ao que se passava na política e no combate doutrinário europeus do que era o costume no ambiente brasileiro. Raúl Tuñón é a expressão acabada dessa vertente engajada e militante de escritores de esquerda, cujas obras operam como registros do envolvimento político e ideológico.

A questão do idioma adquiriu tamanho relevo que acabou convertendo-se num dos móveis centrais de competição para os integrantes dessa geração literária emergente. Convém determo-nos nas razões capazes de esclarecer tal peculiaridade. Enquanto no Brasil o contencioso linguístico nunca ultrapassou os limites do que se passou a considerar como as novas convenções de fatura literária – o poema-piada, as expressões coloquiais, o humor, a blague etc. –, decerto por conta da virtual exclusão dos imigrantes da geração emergente de escritores de vanguarda, a voltagem quase passional das disputas em torno do idioma argentino derivava, sem dúvida, dos temores vivenciados pelos setores cultivados da elite argentina diante da presença avassaladora dos imigrantes, tanto na sociedade inclusiva como na intelectualidade do país. Logo, preservar o que enxergavam como o tesouro do espanhol castiço passou a fazer as vezes de custódia das prerrogativas sociais cuja continuidade parecia em risco.

Uns e outros passam a enfrentar as dissensões em torno do idioma argentino como a questão decisiva no tocante aos desafios estéticos e expressivos com que aquela geração de escritores teve de lidar. Enquanto os filhos de imigrantes tentavam driblar os apodos de "estrangeiros" e "alienígenas" com que vinham sendo etnicamente rotulados e diminuídos, Borges buscava erigir uma genealogia intelectual e literária por meio do resgate de autores "clássicos", dos assuntos populares urbanos (o tango, a gíria, as novelas etc.), ou então pela confecção de um idioma culto elegante, enxuto e infenso a tiradas, arranjos sintáticos e termos de origem imigrante.

O idioma dos argentinos – por sinal o título de uma famosa coletânea de ensaios de Borges na década de 1920 – foi se convertendo no principal objeto de disputa por parte dos postulantes de primeira linha na competição literária.[8] Borges pretendia, no limite, escoimá-lo da canga de expressões populares migradas das línguas trazidas pelos imigrantes, em especial do italiano. Arlt, por seu turno, empenhou-se em direção oposta ao encetar o projeto inovador de fabricar uma linguagem expressiva maleável e pronta a reter os estrangeirismos e asperezas a que se afeiçoara. Assim, o "lunfardo", como esse idioma bastardo era designado, tanto serviu aos desígnios depreciativos formulados por Borges, alçando-se ao status de jargão rechaçado pelos *criollos*, como garantiu uma fonte suculenta de materiais expressivos para a criação literária de um inventor de textos como Arlt.

Também as temáticas e as orientações político-doutrinárias assumidas por esses círculos da geração literária e artística emergente pontuavam sua filiação e o enraizamento em universos inconciliáveis de experiência e de sociabilidade: de um lado, os testemunhos requintados da enxurrada de velharias e insígnias de proeminência social, das quais se desprendiam fumos de superioridade tão característicos da velha elite dirigente, encontradiços nos primeiros livros de versos e ensaios de Borges e nas novelas nostálgicas de Güiraldes, que culminaram em *Dom Segundo Sombra*,[9] síntese de tamanho impasse literário e ideológico. De outro lado, um linguajar mimético das representações e experiências populares, a imersão no universo da experiência operária, na expressão literária do submundo e da marginalidade em ambiente urbano.

As origens sociais dessa geração de intelectuais argentinos constituem um divisor de águas na montagem do campo literário e, por conseguinte, um condicionamento decisivo de suas obras e tomadas de posição intelectuais e políticas. A exemplo do que se passava no Brasil, em conjunturas sucessivas do campo intelectual, a braços com injunções políticas que contribuíam para fragilizá-lo, dando guarida às vantagens inerentes a uma posição dominante de classe, também na Argentina essa pauta de predomínio estribado no mecenato privado, exercido mano a mano, quase destituído de pedágios e intermediários propriamente intelectuais, preservou a vigência de trunfos classistas nas trocas internas ao mundo cultural. Logo, poder-se-á mensurar o impacto dessa constrição tanto pelo grau de antiguidade da inserção desses escritores no espaço da classe dirigente, como pelo tipo de patrimônio cultural herdado e, em especial, pelas chances de reconhecimento por parte das principais instâncias de produção, difusão e comercialização da atividade literária.

Enquanto os escritores brasileiros continuavam dependentes das oportunidades de inserção no serviço público, ou então nas equipes a serviço de destacadas lideranças políticas e partidárias, buscando, na medida do possível, resguardar suas obras literárias do aceso das pressões e lutas políticas, a maioria dos escritores argentinos de vanguarda buscou o aconchego institucional e o lastro financeiro junto aos figurões do mecenato privado.

A fração da elite especializada na promoção da atividade cultural incluía destacadas lideranças e parcerias familiares – como as irmãs Victoria (1890-1979) e Silvina Ocampo (1903-93), criadoras da revista *SUR*, o casal Ricardo Güiraldes e Adelina Del Carril (1889-1967), financiadores da revista *Proa* e da editora de mesmo nome[10] –, um grupo aguerrido de investidores e empresários que lançaram os principais empreendimentos nas frentes de expansão de uma indústria cultural concentrada nas novas mídias impressas da atividade editorial de ponta, do jornalismo, das revistas ilustradas e das coleções de novelas em tiragens de massa – os editores judeus de vanguarda Glusberg e Manuel Gleizer, os editores inovadores Evar Méndez (revista *Martín Fierro*, 1924-27) e Antonio Zamora (revistas *Los Pensadores* e *Claridad* e a editora Claridad), o magnata da imprensa Natalio Botana (criador do jornal *Crítica*, 1913),[11] entre outros – e, ainda, os dirigentes de organizações políticas (Partido Socialista etc.) e confessionais (Igreja católica), com respectivos veículos e periódicos. Por último, cumpre assinalar as atividades culturais desenvolvidas pelas comunidades de imigrantes – italiana, alemã, judia etc. –, que dispunham de um sistema próprio de publicações destinadas a uma audiência cativa.

Natalio Botana, originário de uma família da elite uruguaia, cujos antepassados haviam participado de guerras e lutas civis, trabalhou nos jornais portenhos *El Diário* e *La Razón* antes de lançar o *Crítica*, apoiando-se num esquema engenhoso de verbas publicitárias e nos préstimos de sócios compatriotas, inclusive do parente e padrinho rico Adolfo Berro, que lhe havia hospedado e amparado desde sua ida para Buenos Aires em 1910. Já casado com Salvadora Medina Onrubia (de Botana), filha de uma espanhola recém-chegada, militante anarquista com veleidades intelectuais, passou a residir numa quinta (Villa Alegre) de quatro hectares em Florida – a poucos quilômetros ao norte da capital –, cujos quartos eram aquecidos a lenha, rodeada de jardins onde vivia exótica fauna doméstica. Essa foi a primeira de uma série de residências suntuárias na capital.[12]

Tanto *Crítica* como *El Mundo* se caracterizavam pelo empenho num projeto renovado de diagramação, com manchetes e títulos chamativos, pelo emprego rotineiro de fotos na cobertura de flagrantes urbanos, tendo contado com o entusiasmo de um grupo de escritores e intelectuais renomados. Inúmeros escritores, iniciantes e veteranos, divulgavam escritos, poemas e ensaios nas páginas do suplemento literário dominical de *La Nación*, tabloide conservador que remunerava por matéria. *Crítica* abriu espaço à cobertura esportiva (futebol, corridas de cavalos, de automóveis), ao registro policial, à crítica de espetáculos e de cinema, à página semanal de resenhas de livros.

A diversidade de comando financeiro e intelectual, a dependência das vendas e das demais sanções e veredictos do público de leitores, a exigência de conciliar uma atividade profissional regular nas mídias de ampla circulação, como jornais e revistas, às pretensões autorais como escritor com nome próprio, o desafio constante de reciclar a fatura jornalística em escrita literária, a extrema rotatividade ocupacional num mercado de produtos editoriais bastante suscetível às oscilações das preferências dos consumidores, a necessidade de adquirir prontidão e habilidade no manejo dos gêneros mais cotados na mídia impressa de grande tiragem, como a crônica, a crítica especializada de cinema ou teatro, a seção policial, os grandes furos de reportagem, os ensaios alentados dos suplementos culturais, eis algumas das constrições que balizam a montagem de um campo literário ancorado em instâncias e empreendimentos sob chancela e tutela de mentores privados. Como seria de esperar, esses últimos se mostraram inclinados a sujeitar os padrões de organização interna da fração intelectual às diretrizes e aos interesses dos grandes grupos empresariais e das famílias líderes do mecenato privado.

Assim como os confortos e garantias proporcionados pelo emprego público deram feição singular e um tônus característico à dicção poética da primeira geração de modernistas brasileiros, a variedade jornalística dos topoi e faits divers que nutriam o trabalho literário, a miríade de assuntos, as marcas das linguagens e convenções publicitárias, o latejar dos ritmos e estilos da sociabilidade urbana de espetáculos e noitadas, em suma essas e outras características dos artefatos veiculados pelas mídias impressas da época marcaram de modo indelével as temáticas e os feitios expressivos da vanguarda argentina.

O escritor brasileiro necessitava do apadrinhamento de algum líder ou prócer político, detentor do acesso privilegiado a recursos governamentais, verbas, cargos, comissões, promoções, favores que iam desde o laxismo na avaliação de seu desempenho na função pública, passando pelas concessões magnânimas de dispensas, folgas e comissionamentos, até a unção consagradora dos mandatos privilegiados de confiança no recesso exclusivo de gabinetes. Já o escritor argentino buscava uma posição estável de trabalho e colaboração junto aos principais veículos e grupos empresariais privados, disputados pela febril e mutante atividade editorial e periodística. O ingresso na equipe prestigiosa do jornal *Crítica*, de Botana, por exemplo, carreava certa cota de rendimento e incenso conforme o tipo de colaboração, com repercussões em todos os domínios do cotidiano, implicando um estilo de sociabilidade, de indumentária, de atitudes e preferências ideológicas e políticas, de turma de amigos, de ritmação cotidiana e mescla da vida privada e profissional, cuja aura era o cultivo de uma identidade plasmada pelo convívio e desempenho no grupo.

Os intelectuais brasileiros, atuantes nas décadas de 1920 e 1930, procuravam se resguardar das interferências políticas, buscando dissociar, em redutos estanques, suas criações literárias dos serviços prestados como funcionários públicos; seus congêneres e contemporâneos argentinos tiveram de se adaptar às novas circunstâncias de uma dinâmica e exigente indústria editorial e jornalística e, ainda mais, de atender de imediato às demandas postuladas pelos gêneros e artigos vigentes no periodismo da época.

Por força das feições distintas que modelaram o emergente setor editorial, em ambos os países, mostrou-se bastante diferenciado o impacto dos novos veículos em cada contexto. No caso brasileiro, apenas ao longo dos anos 1930 poder-se-á atrelar o êxito de vendas e de reconhecimento crítico do romance social ao surto editorial naquela conjuntura; na Argentina, o estouro da vanguarda literária e artística esteve, desde o início, associado à expansão jornalística, à criação de tabloides e suplementos culturais, às coleções de divulgação dos clássicos, à febre das revistas ilustradas.

O escritor modernista brasileiro é um letrado profissional nas centenas de horas vagas que lhe propiciam os afazeres bem remunerados no setor público e os encargos variados junto às lideranças políticas, além das colaborações esporádicas ou mesmo regulares na grande imprensa, pelas quais ele garante mais uns trocados. Já o escritor vanguardista argentino é, no mais das vezes, um jornalista empregado na equipe de redatores liderada por algum magnata da imprensa, cujos escritos constituem, com frequência, subprodutos de sua atividade regular de assalariado na imprensa privada. Tais diferenças de inserção no espaço da classe dirigente marcaram profundamente as feições do campo literário e intelectual em ambas as sociedades, a começar, reitero, pelas linguagens e gêneros expressivos adotados lá e aqui.

Ainda que se possa rastrear na prosa de Drummond e Bandeira, por exemplo, uma quantidade apreciável de textos antes veiculados na imprensa, esses poetas escreviam crônicas e artigos assinados, em linguajar torneado, sem nunca abdicar de padrões eminentemente literários de composição. Lidavam, pois, com gêneros suscitados e firmados pela imprensa numa pegada literária, suavizada e, não obstante, destoante das convenções predominantes na elaboração das demais matérias do jornal. É quase o contrário disso o que ocorria com o modo de fatura literária de Arlt e outros contemporâneos argentinos. Em lugar de serem porta-vozes da expressão literária elevada em instâncias de divulgação, eles queriam se deixar impregnar pelos assuntos, procedimentos e materiais expressivos de um linguajar jornalístico de choque, nutrido pelos furos sensacionalistas, pelos faits divers escabrosos, pelo sentimentalismo anômico da seção policial, no intuito de modelar um estilo tenebroso de cobertura em primeira mão, no calor da hora, buscando reter as feições mais extravagantes das estórias reelaboradas a partir das colunas diárias sob sua responsabilidade.

O protótipo do escritor-cronista brasileiro, em sucessivas gerações literárias, desde os anatolianos da República Velha (Humberto de Campos, Álvaro Moreyra etc.), passando pelos modernistas (Mário de Andrade etc.), até a geração subsequente que se firmou na imprensa antes mesmo de ser reconhecida – gente como Rubem Braga, Otto Lara Resende, Fernando Sabino e Paulo Mendes Campos, entre outros –, é alguém que se vale do jornal ou da revista semanal como espaço cedido a outra modalidade expressiva, no caso a escrita literária em registro abrandado.

No universo literário brasileiro, a crônica constitui um gênero a meio caminho entre a prosa lírica e sentimental, o relato memorialístico e o registro comovido e participante do escritor como cidadão cosmopolita e politicamente alerta. Na vida literária argentina, o cronista de sucesso é o escritor que logra reciclar os fatos brutos da metrópole num texto híbrido, a meio caminho entre os bastidores da manchete e as percepções dos circunstantes, entre a notícia ao vivo e a emoção do pedestre, entre o texto enxuto e a chacoalhada da testemunha.

Os intelectuais brasileiros podiam sobreviver às custas do emprego no serviço público, variando apenas o volume de rendimentos em função da posição desfrutada na hierarquia da função governamental, a qual dependia, é claro, do grau de proximidade e acesso às lideranças burocráticas e políticas. Assim, não deviam o reconhecimento senão ao fato de sua integração palpável numa rede de alianças, envolvendo outros intelectuais, sob o mando de algum escritor consagrado, mas também detentor de um cabedal considerável de recursos e poderes de influência, quer junto às revistas literárias e culturais mais prestigiosas, aos veículos e espaços jornalísticos influentes, quer junto às rodas de colegas expostos a idênticas condições de trabalho e reprodução social, quer enfim perante as instâncias de consagração e legitimação capazes de livrar do ostracismo até mesmo escritores e obras de circulação restrita ao universo de pares.

Os escritores argentinos estavam expostos desde cedo às intempéries da bolsa de valores intelectuais em operação nos círculos dirigentes dos grandes empreendimentos da imprensa e do mundo editorial. Podia fazer toda a diferença o fato de alcançar uma vendagem significativa, lograr uma audiência cativa para uma coluna ou crônica assinada na imprensa, ou, ao menos, notabilizar-se pela conquista de láureas literárias concedidas em certames anuais. Ainda que muitos desses indicadores de prestígio e reconhecimento sinalizassem a cotação sedimentada entre os colegas de ofício, ou então, evidenciassem o trânsito entre turmas concorrentes de profissionais, pelo menos uma parcela substancial dos juízos emitidos acerca das obras e autores provinha do desempenho nos espaços da mídia impressa destinados a uma circulação ampliada, que extravasava os muros da cidadela dos intelectuais.

Também diferiam os impactos exercidos pelos intermediários e investidores que sentavam praça de seus interesses empresariais no interior do campo de produção literária ou artística. Em Buenos Aires, o fato de ser divulgado por um editor prestigioso, como Evar Méndez ou Glusberg, ou ainda de colaborar numa das revistas literárias mais cobiçadas, como *Martín Fierro* ou *Nosotros*,[13] constituía, por si só, um trunfo de identidade, a marca de certa feição autoral ou estética, o prenúncio alvissareiro de um projeto intelectual de envergadura. No Rio de Janeiro ou em São Paulo, a inserção no catálogo de uma das grandes editoras do país – José Olympio (Rio de Janeiro) ou Companhia Editora Nacional (São Paulo), por exemplo – configurava a prova eloquente de pertencimento a uma rede intelectual poderosa e influente, a despeito do grau de reconhecimento crítico ou dos riscos de ousadia estética perceptíveis num dado autor. E tal sucedia porque o acesso a um selo editorial em particular se viabilizava mais em função de alianças burocráticas ou políticas do que por conta de quaisquer filiações ou afinidades de natureza propriamente intelectual.

Em ambos os países, o campo intelectual foi sendo modelado por forças sociais de elite cujas bases de sustentação material e simbólica estavam desigualmente sediadas na esfera estatal e no setor privado. Os magnatas da imprensa eram os grandes feitores do mundo literário argentino, papel desempenhado aqui por lideranças políticas ilustradas. Os proprietários dos mais importantes jornais argentinos celebravam alianças provisórias e tentativas com dirigentes políticos, por vezes dispondo-se a coadjuvar campanhas eleitorais, sem jamais chegar a ponto de hipotecar irrestrita solidariedade. O ministro Capanema distribuía cargos, benesses e honrarias entre seus protegidos intelectuais e artistas, ou então, fazia encomendas para cuja execução convocava a colaboração subsidiada de editores, técnicos e especialistas, sem nunca abrir mão da primazia ideológica na execução dos trabalhos contratados. O poder decisivo de arrastão cabia, respectivamente, aos grandes empreendedores da mídia impressa e aos mandachuvas políticos.

Entretanto, o poder de influência dos magnatas do jornalismo portenho foi quase sempre confrontado e medido por iniciativas culturais de figuras destacadas da fração cultivada e intelectual da oligarquia. Nesse cenário partilhado entre protagonistas em condições de mobilizar recursos distintos para o exercício do mecenato privado, os poderes de modelagem da vida literária e artística continuaram, por uns tempos, bastante concentrados em mãos de intelectuais abastados, pertencentes à nata da elite dirigente *criolla*, cujas iniciativas culturais impulsionaram a montagem de círculos de escritores e artistas, em sintonia com as diretrizes programáticas e estéticas propugnadas por tais projetos de política cultural. O prosador Ricardo Güiraldes, criador e patrocinador da revista de vanguarda *Proa*, o editor Evar Méndez, responsável pelo veículo mais aguerrido da renovação literária portenha, a segunda fase da revista *Martín Fierro*, a escritora Victoria Ocampo, fundadora e esteio financeiro da revista de cultura *SUR*, são exemplos conspícuos desse mecenato privado, florescente no ápice da supremacia cultural argentina entre os países de fala hispânica da América Latina.

A inteligência estrangeirada de *SUR*

Existem motes interpretativos na profusa bibliografia sobre a revista *SUR*. O esquadro detrator a qualifica como o baluarte de certa fração aristocrática da inteligência argentina, embaralhando, em clave de denúncia, os princípios do programa editorial com as pretensões de mando e influência da mentora, Victoria Ocampo. A vertente de base documental salienta o feitio de revista literária, ressaltando o programa estético e a narrativa anticonvencional, modelados por Jorge Luis Borges e por súditos jovens, prosélitos do ideal da literatura imaculada, craniada, inventiva, moeda de troca entre literatos. María Teresa Gramuglio fez a ponte no intento de conciliar as dimensões política e literária, logrando mirada abrangente.[1]

Não obstante, posições tão antagônicas por vezes silenciam a respeito de feições sociais, políticas e intelectuais dos patronos da revista, das quais preferem se esquivar. Os relatos das circunstâncias de criação do periódico tematizam o desígnio de erguê-lo como instrumento da minoria culta, da vanguarda da inteligência voltada para os desafios do espírito, pronta a afirmar a autonomia diante de óbices extraculturais, livre de injunções de natureza política, ideológica, partidária ou confessional. Ao longo da década de 1930, o papel e as funções do escritor em meio à enxurrada de pressões e de aliciamentos externos à atividade intelectual constituem o tópico obsessivamente abordado e que muda de fisionomia conforme a circunstância. No plano doméstico, a revista resistiu ao envolvimento com partidos e dirigentes políticos, com a Igreja e os movimentos leigos cristãos, com as organizações de esquerda.

Desde o surgimento em 1931 até o golpe militar de 1943, a equipe responsável teve de se haver com a conjuntura particularmente grave de crise disseminada, econômica, social, política e cultural.[2] Criada no rescaldo da crise de 1929, no ano seguinte à destituição de Yrigoyen pelos militares sob o comando do general Uriburu, a revista fez vista grossa ao refluxo das liberdades políticas. O periódico, o salão de Victoria Ocampo e os eventos mundanos e culturais promovidos por Amigos del Arte[3] (1924-42) propiciavam um espaço de convívio entre o patriciado portenho, o *café society* vanguardista, extasiado por arte e literatura, e figuras conspícuas da direita católica, antimoderna. Talvez a proximidade e a sintonia com a coalizão conservadora, aliviada pela emasculação do Partido Radical, pelo sufoco dos movimentos sociais e pela degola do sufrágio universal, tenham modelado o conformismo de *SUR* com a série de arranjos políticos que de fato haviam rompido com a legalidade. Diante de condições tão excepcionais, é clamorosa a quase completa omissão da revista sobre o que se passava no país, ainda que se possa entender a cautela de não se pronunciar politicamente em tempos "infames".

Dentre os porta-vozes da direita militante, originários do patriciado rural provinciano –, Carlos Ibarguren (1877-1956), Manuel Gálvez (1882-1962) e Julio Irazusta (1899-1982), entre os mais afoitos e assertivos – apenas o último foi acolhido nas páginas do periódico, na primeira metade dos anos 1930.[4] O estado de sítio, a prisão de intelectuais (Ricardo Rojas)[5] e de políticos (Yrigoyen e Alvear, ex-presidentes da República filiados ao Partido Radical), o assassinato de parlamentares (o deputado socialista José Guevara em 1933, o senador Enzo Bordabehere em 1935), o cerco à imprensa (o fechamento do jornal *Crítica* em 1931), o funeral efeito-demonstração de Yrigoyen (junho de 1933), o Congresso Eucarístico Internacional (1934), marco da força crescente da Igreja católica – as intervenções do governo central nas províncias, as greves gerais, nenhum desses episódios abalou a postura olímpica de abstenção.

A prisão da esposa do diretor-proprietário de *Crítica*, Salvadora Medina Onrubia, em 1931, foi a única ocasião que motivou um gesto dos colaboradores, mas não em páginas do periódico. Borges, Mallea, Maria Rosa Oliver e outros subscreveram o pedido de clemência com luvas de pelica. Era o sinal da linguagem de "servidão"; da passividade a que os intelectuais se viam condenados; da retranca dos que se sentiam desenganados pelo eleitorado, pelo radicalismo, pelo golpe militar.

No entanto, a Guerra Civil Espanhola fulminou a couraça de neutralidade perante os regimes autoritários europeus e, em ricochete, municiou o contencioso entre *SUR* e o periódico católico conservador *Criterio*. Segundo Donghi, os intelectuais de *SUR* se moviam num "limbo" de sociabilidade, cuja feição alardeada era um "estilo de convivência ideológica" no qual contracenavam figuras dotadas de perfis doutrinários heteróclitos, apenas convergentes quanto ao silêncio obsequioso que concediam ao simulacro de democracia então vigente.

De resto, nem os percalços da política externa argentina, nem as transformações em curso no bojo da estrutura social – o reforço corporativo do Exército e a ostensiva ingerência dos militares, a flagrante coabitação entre os mentores do Estado e a alta hierarquia eclesiástica, o rearranjo dos sindicatos com o advento da hegemonia comunista, a mutante morfologia da classe trabalhadora – mereceram acolhida nos sumários da revista.

A Argentina aí nomeada, em tom apologético, enverga a roupagem vácua e diáfana da identidade pátria, ora vazada em categorias cediças forjadas por "viajantes" que desconhecem os rudimentos da experiência histórica do país, ora chapada em dicotomias cifradas dos antagonistas fabulados – por exemplo, a Argentina "visível" dos imigrantes materialistas e predatórios contra a nação "invisível", cuja seiva ancestral, hispânica, os intelectuais *criollos* irão restaurar, na cantilena pneumatista de Eduardo Mallea (1903-82).

O empenho em asseverar o caráter nacional recobrou alento quando já se faziam sentir sinais de esgotamento do que fora um ciclo prolongado de prosperidade e de inclusão social, pelo acesso universal à educação pública. Os primeiros anos de *SUR* dão a ver a ambição de hegemonia cultural no domínio hispano-americano e mesmo latino-americano, no qual Buenos Aires seria o meridiano cosmopolita emergente, abrindo espaço à difusão de retratos essencialistas que pretendiam quiçá validar a superioridade argentina na voz de intelectuais estrangeiros consagrados.

Economia e sociedade

"O homem de cultura tem um ritmo de vida e de perdurabilidade irredutível à vida política e às exigências da ação."
(Jose Luis Romero, *SUR*, n. 33, junho de 1937)

"*Il y a de la force dans le peuple argentin comme dans tout peuple, mais cette force est barrée par l'écran que forment* La Nación, la 'société', los Amigos [del Arte] – *et* SUR *qui ne sert pas une cause organique mais la 'littérature' en général.*"
(Carta de Drieu la Rochelle a Victoria Ocampo, novembro ou dezembro de 1932)

SUR logo se tornou o carro-chefe do establishment cultural e artístico sediado em Buenos Aires. Victoria Ocampo e os parceiros de mecenato privado – os irmãos Garaño, Oliverio Girondo e os primos Bullrich, entre outros – integravam os quadros dirigentes de prestigiosos organismos da fração culta do patriciado argentino. A Associação Amigos del Arte, gerenciada por damas da alta sociedade, e o Teatro Colón, cuja direção artística fora assumida por Victoria Ocampo em 1934, constituíam espaços exclusivos da movida *chic*, que operavam em sintonia com a agenda de atividades promovidas por SUR (conferências, debates, cursos, exposições, concertos e espetáculos), cujos frutos – textos, transcrições de diálogos, críticas de artes plásticas, de música, de teatro, de ópera – provisionavam a revista.

Sendo o empreendimento-chave dos negócios do clã Ocampo, a chancela ampliou o escopo de intervenção emprestando os fundos, o nome e o logotipo à editora fundada em 1933 (Editorial SUR) e, adiante, subsidiando a filhote – *Lettres Françaises* (1941)[6] –, gesto de filantropia durante a ocupação alemã na França. A revista redobrou o poder de fogo ao espraiar a influência nos grandes diários da capital, sobretudo no suplemento cultural de *La Nación*, dirigido por Mallea.

SUR consagrou a atividade intelectual e literária como prática reservada à minoria da inteligência e, ao mesmo tempo, propiciou a mediação exclusiva de um círculo de sociabilidade da alta burguesia. A fração culta e endinheirada reúne proprietários de estâncias, de mansões, de casas modernistas e residências secundárias, projetadas por arquitetos renomados, colecionadores destacados de obras de arte, bibliófilos e *managers* de entidades culturais, as mesmas figuras acumulando todas as espécies de capital, econômico, social e simbólico. Nenhum deles se envolveu à escâncara com atividades políticas ou partidárias: eram pessoas instruídas, com padrões de gosto requintados, amantes das artes, que se dedicavam a afazeres intelectuais e artísticos nos intervalos da agenda mundana.

A revista cumpriu as funções de banco central da cultura grã-fina, dispensando incentivos e legitimidade aos escritores próximos ao corpo restrito de editores: manejou as redes de aliança e proteção mútua pelo intercâmbio de resenhas e pleitos de reverência; regulou cotações no mercado de credenciais e de notoriedade; condenou ao descrédito e à relegação as obras e a reputação de escritores concorrentes – Roberto Arlt, Alfonsina Storni, Horacio Quiroga –, que haviam conquistado espaço na mídia impressa e assentimento do público-alvo da indústria cultural.

Contesto a interpretação segundo a qual os critérios de exclusão de *SUR* se explicam por razões de ordem literária ou por desavenças pessoais; teve peso o descarte induzido pela distância social. Na pegada de estudos seminais de biografias coletivas, como a análise de Raymond Williams a respeito do grupo Bloomsbury,[7] cumpre referir o capital simbólico amealhado por *SUR* tanto às linhas de força da política editorial como às propriedades de classe dos mentores, sendo insensato dissociar a ressonância da revista das condições privilegiadas de liquidez financeira, bem maior, como se verá, do que as margens de respiro intelectual e político.

SUR constituiu a instância crucial da modalidade argentina de organização da vida cultural, sob a égide do mecenato privado, exercido por membros ilustres da elite dirigente. Proporcionou à roda de escritores cooptados os recursos indispensáveis ao êxito e à consagração na trama de entidades e de empreendimentos empresariais que conformavam o campo intelectual em momento decisivo de profissionalização: um instrumento de divulgação, um regaço institucional, a chancela do selo editorial prestigioso, o trampolim para encomendas remuneradas de textos e matérias a serem publicados em jornais (*La Nación*, *Crítica*), revistas femininas e de variedades (*El Hogar*) e suplementos culturais (*Revista Multicolor de los Sábados*), o acesso aos salões e aos demais espaços de convívio em que pontificavam os maiorais da benemerência.

Pondo de parte Victoria Ocampo, a mira dos detratores e dos apologistas,[8] o exame do circuito em que se moviam os grã-finos consultores proporciona a história social capaz de esclarecer as feições do espaço na classe dirigente de onde emergiu o projeto. Eis o modo de solapar o mito de invenção de *SUR* como a saga empreendida pela intrépida oligarca para debelar a dependência intelectual da região. O desarme dos clichês em torno da fundação mitológica, martelada *ad nauseam*, desbasta o terreno de enaltecimentos e de enredos anedóticos. Os parceiros de Victoria na revista possuíam os mesmos traços morfológicos que ela costumava ostentar como atributos pessoais exclusivos. A diluição do protagonismo autoral realça o vinco societário do projeto.

Os irmãos Celina (1880-1962), Alejo (1877-1946) e Alfredo González Garaño (1886-1969), o escritor Oliverio Girondo e os irmãos Enrique Eliseo (1903-57) e Eduardo J. Bullrich (1895-1950) eram colecionadores de arte, bibliófilos, artistas diletantes, figurões em comitês dirigentes de museus e sociedades culturais. As práticas e os sentidos do mecenato podem ser aferidos por meio dos padrões de gosto subjacentes aos acervos particulares. Por conta de investimentos consideráveis de tempo e de dinheiro na aquisição de obras, os nababos foram se convertendo em peritos semiprofissionais com variada expertise em frentes de atuação complementares: curadoria de mostras e exposições, técnicas de conservação e de restauro, consultoria de avaliação. Tratava-se de amadores esclarecidos que dispunham do cabedal que lhes permitia emitir opiniões sobre livros, ideias e espetáculos. Todos se conheciam e frequentavam os mesmos redutos de sociabilidade, clubes, embaixadas, cruzeiros transatlânticos; faziam viagens frequentes à Europa e aí residiram por temporadas prolongadas; realizaram parte dos estudos em colégios no exterior; se casaram com mulheres de famílias ilustres, garantindo a reprodução ampliada do capital de relações sociais. O *gratin* da elite argentina.

Alfredo González Garaño,[9] talvez o diletante emblemático da seleta de rentistas abastados, repartia interesses entre a prática da pintura, a feitura de cenários e figurinos de teatro e os projetos ousados de curadoria, tendo sido responsável pela maioria das mostras nos salões dos Amigos del Arte, da qual foi dirigente entre 1928 e 1942, pela triagem do acervo do Museu Municipal de Arte Colonial e pelo inventário do Palácio Errázuriz, então adquirido para sede do Museu Nacional de Arte Decorativa. Também foi acionista-fundador da editora Sudamericana e membro do conselho editorial de *SUR* desde o início. A moderna coleção cosmopolita reunida com a esposa Maria Teresa Marietta Ayerza, de linhagem de médicos e jurisconsultos,[10] misturava arte pré-colombiana, arte europeia de fins do século XIX até as vanguardas e a escola de Paris, imagens e mobiliário colonial, peças gregas, estampas japonesas e chinesas, arte negra africana, cartões de Figari e artistas argentinos do século XIX.

O diálogo com as coleções dos irmãos Celina e Alejo[11] – respectivamente, de arte colonial e do vice-reinado, de arte argentina de fins do século XIX – firmou os parâmetros do figurino autóctone ao rastrear as raízes da identidade nacional. Alejo foi diretor do Museu Histórico Nacional, dirigente e curador de mostras nos Amigos del Arte, especialista em iconografia argentina do século XIX, autor de célebre monografia sobre Carlos Pellegrini, membro da Academia Nacional de História, da Sociedade Argentina de Bibliófilos e do Instituto Bonaerense de Numismática y Antigüedades. Herdeiros da elite ruralista do pampa e de antigas fortunas comerciais, os irmãos Garaño pertenciam a uma dinastia de colecionadores – entre eles, o primo Juan Gregorio Peña (1833-1908), possuidor de telas de Murillo, o tio Enrique Peña (1848-1924), dono da mais importante biblioteca colonial –, precursores do colecionismo portenho e baluartes do patriciado.

Oliverio Girondo,[12] descendente de famílias prestigiosas de proprietários de terras na província de Buenos Aires – os Aramburu, os Uriburu, os Arenale[13] –, herdeiro da coleção de arte paterna, apostou em nichos similares aos dos Garaño: arte pré-colombiana e colonial, arte africana, arte argentina, livros raros e edições de luxo. Apurou saberes artísticos pelo convívio com amigos da nata portenha atuante em Paris – Alfredo Garaño, os irmãos Diehl, Ricardo Güiraldes –, para onde viajou oito vezes entre o final da Primeira Guerra Mundial e 1932. Distinguia-se do esquadro versátil de Garaño, o qual possuía obras de Toulouse-Lautrec e de Modigliani, afinado com as vogas da burguesia internacional, segmento descartado por Girondo, cujo *criollismo* acentuado privilegiou artefatos de procedência americana. Integrou desde o começo o conselho editorial de SUR, mas acabou se afastando e não teve a presença assídua de contemporâneos da vanguarda argentina, como Eduardo González Lanuza (1900-84) ou Leopoldo Marechal (1900-70).

Enrique Eliseo e Eduardo J. Bullrich, primos das irmãs Ocampo, herdeiros da casa de leilões criada pelo comerciante Adolfo Jorge Bullrich em 1867, eram filhos de Eduardo Francisco Bullrich e de Julia Rebecca Ocampo y Ocampo, irmã do pai de Victoria. Embora não constasse do primeiro comitê editorial de SUR, tendo ingressado no conselho de redação apenas em 1935,[14] Enrique estava entre os fundadores e colaborou amiúde como crítico de música clássica, a exemplo do que já fizera em *Martín Fierro*. Sua coleção de arte não destoava dos padrões da época, com predomínio de poucos óleos e obras em papel: aquarelas, desenhos e gravuras de impressionistas franceses (Degas, Renoir, Cézanne, Utrillo) e da vanguarda (Picasso), ao lado de trabalhos de Figari, item compulsório de colecionadores nativistas.[15]

Eduardo J. Bullrich,[16] assíduo em *Martín Fierro* com notas sobre vendas e exposições de livros, era, desde 1930, presidente da Sociedade Argentina de Bibliófilos, que havia criado, bem como dirigente de Amigos del Arte e do conselho editorial de *SUR*, que ajudou a fundar. Ele concebeu a arte-final da capa, ao que parece, com base em proposta de Victoria, que havia sugerido a utilização da flecha designando o Sul. Trabalhou como funcionário nos governos dos generais Uriburu e Justo, no começo dos anos 1930. Sua biblioteca incluía incunábulos, iluminuras em pergaminho, livros raros e edições originais de autores clássicos.

Dentre os estrangeiros que emprestavam o nome à revista, Jules Supervielle Munyo (1884-1960) se distingue pelas experiências de vida e de trabalho para as quais confluem as ligações com o mundo social platino e com o universo literário francês. Integrante do conselho estrangeiro desde o primeiro número, do comitê consultivo entre 1935 e 1940, colaborador frequente, objeto de reverência e aplauso das cliques internas de *SUR*, ele juntava o capital familiar, acumulado na região, aos trunfos de escritor reconhecido por sumidades da cena literária francesa.[17]

Nascido em Montevidéu, órfão de pais franceses, Jules foi educado pelo tio paterno Bernard, fundador do Banco Supervielle, tendo residido no Uruguai até a mudança dos tutores para Paris, onde cursou o secundário. Em 1912, instalou-se aí em definitivo, já casado com Pilar Saavedra Barroso, com quem teve seis filhos. Estreou com um livro de versos em 1919; estabeleceu laços estreitos com Gide, Valéry, Paulhan, que estavam à frente da *Nouvelle Revue Française* (*NRF*). No início da guerra, exilou-se por sete anos no Uruguai.

Jules Supervielle encarnou o ideal de excelência social e intelectual partilhado pelos filiados de *SUR*: bilíngue, consagrado na poesia, gênero elevado e domínio de virtuoses; pertencente à nata literária francesa nos anos 1920 e 1930, que comandava a *NRF*, referência-mor da congênere sul-americana em matéria de credo estético ("arte pela arte") e de resguardo político. Homem abastado, poeta renomado, ele juntava os foros do patriciado portenho à amizade com árbitros incontornáveis no campo literário europeu.

O DNA de SUR catalisou os interesses e os investimentos de potentados cujas práticas de consumo cultural eram festejadas pela cobertura caprichada do calendário de exposições artísticas, concertos de música erudita, espetáculos de teatro e de ópera. Os salões nacionais de belas-artes, as temporadas de companhias de teatro francesas, as estreias no Colón de peças dos compositores diletos da minoria mereciam matérias especiais. A resenha das atividades artísticas coincidia na íntegra com a agenda de compromissos mundanos dos filantropos e socialites que formavam o público leitor. Não se costuma mencionar tal registro, decerto no intento de esbater o serviço prestado à clientela. A revista constituiu, no período áureo de impacto, entre 1931 e 1945, o florão orgânico da minoria cultivada da oligarquia, em meio à crise política e doutrinária em que soçobrou o projeto de redenção nacional pelo alto.

Nos primeiros anos, o apuro editorial sobressaía em cadernos de ilustrações que, por vezes, reproduziam obras dos colecionadores da casa. Os sete números de SUR publicados entre 1931 e abril de 1933, em paralelo à impressão paga, tiveram tiragem de luxo de cem exemplares, em papel especial (Hilo Bond), numerados e reservados aos assinantes; incluíam cadernos de ilustrações em preto e branco, em página inteira, mesclando obras de arte, fotografias, maquetes de arquitetura, anúncios de antiquários, de livrarias de arte e de obras raras, de oficinas de restauro, de tapeçarias antigas e de pianos de cauda.[18] O esmero gráfico e o chamariz iconográfico tornavam a revista um objeto artesanal com perfil de item colecionável.

Victoria também promoveu a arquitetura, pelo viés do estilo construtivo de seu agrado, tendo almejado um projeto de residência por Le Corbusier, que acabou não dando certo.[19] A "casa modernista" que ela fez erguer em Palermo foi concebida por Alejandro Bustillo, arquiteto prestigioso de cabedal antigo no padrão belas artes, que trabalhou a contrapelo de suas convicções estéticas. Os arroubos de arbitragem de Victoria, que desancou a arquitetura comum portenha pelo "mau gosto" e "vulgaridade",[20] têm contrapartida no álbum autobiográfico *San Isidro*, com 67 fotos da propriedade familiar, resenhado por Enrique Amorim.[21] O volume se inspirou, talvez, no álbum do arquiteto alemão Erich Mendelsohn, com fotos da casa à beira do rio Havel, cuja "absoluta simplicidade" e sintonia com a paisagem evocavam, no imaginário de Victoria, as barrancas do rio da Prata com a mansão dos Ocampo.[22] SUR publicou caderno de oito páginas com fotos do entorno e da casa de Mendelsohn ilustrando o artigo de Victoria.[23]

A quinta acolhia os convivas aos debates editados em SUR a partir de 1941, os dois primeiros em torno dos "intelectuais", obsessão temática dos mentores da revista. Os salões de San Isidro juntavam os colaboradores – Eduardo Mallea, Carlos Alberto Erro, Roger Caillois, Maria Rosa Oliver, Eduardo González Lanuza –, os estrangeiros residentes ou de passagem – Pedro Henríquez Ureña, Germán Arciniegas, Denis de Rougemont, Lewis Hanke, o poeta chileno Alfonso Bunes, o arquiteto francês Raul Jourde – e os europeus exilados em Buenos Aires. Entre eles, o psiquiatra alemão Eduardo Krapf (1901-63), de família judia; a educadora espanhola María de Maeztu (1881-1948), cujo irmão fora fuzilado pelos franquistas; a judia italiana Marguerita Sarfatti (1880-1961), jornalista, mecenas, colecionadora, crítica de arte, socialite, ex-militante do partido fascista, ex-amante e biógrafa de Benito Mussolini, refugiada no Prata desde 1938, após a adoção da legislação antissemita na Itália. No material transcrito, é difícil deslindar a atmosfera mundana do amadorismo cultural dos interlocutores, mas persiste o dissenso entre aqueles afeitos à atualidade política – os intelectuais, a guerra – e os templários de Borges mirando a vereda estético-literária.[24]

A partir de 1935, a rubrica "Notas" encorpa, com artigos sobre livros e biografias de compositores clássicos, além de seções de cultura, com certa divisão de trabalho entre críticos oficiosos: Attilio Rossi e Julio E. Payró para artes plásticas, Jorge Luis Borges para cinema, Enrique Bullrich e outros para música erudita. A convicção apocalíptica sobre a mídia da época transpira nas invectivas de Lanuza acerca dos efeitos deletérios do rádio sobre a cultura – entenda-se, a alta cultura de *SUR*. Lanuza crê que o rádio "tende a nos levar a todos para a superficialidade, a intranscendência, a fazer-nos cair no pecado mortal da frivolidade".[25]

Horacio Quiroga e Alfonsina Storni,[26] cujas carreiras deslancharam em consonância com as demandas das revistas de variedades e da imprensa, mereceram espaço, *noblesse oblige*, apenas após a morte. *SUR* publicou o elogio póstumo de Martínez Estrada a Quiroga,[27] a oração fúnebre de Maria Rosa Oliver[28] e o necrológio presunçoso de Lanuza sobre a poesia de Alfonsina, indigitada pelo receituário de disjunção entre a obra e a experiência pessoal: "En sus mejores poemas aparece con regularidad fatal un elemento de impureza estética, un resíduo inorganico no assimilado, un prosaísmo que se enquista y resta vitalidad a sus versos".[29]

A impregnação da visada literária de *SUR* pelo emplastro da autoindulgência classista transparece sobremodo em reminiscências, em diários de viagem e em matérias ligadas ao agito mundano em que se movem os colaboradores. A descrição acurada que faz Guillermo de Torre (1900-71) das conferências de escritores estrangeiros no auditório dos Amigos del Arte[30] evidencia o ranço de pretensão intelectual e pedantismo. O crítico espanhol realça o perfil da audiência – o público de mulheres lhe parecia "incapaz de interessar-se pelo intelectual em abstrato" –, o relevo da performance e do histrionismo dos palestrantes, no ritual consagrador de sociabilidade orquestrado pela revista, evento emblemático na tradição de cultura oral da oligarquia. A maioria dos textos assinados por Victoria Ocampo interpola evocações sobre a família, a linhagem, a aprendizagem precoce do francês e o estilo de vida exclusivo, ostentando as insígnias de ancestralidade e as mostras tangíveis de patrimônio.[31]

Dentre os episódios de soberba, o relato da visita à casa de campo do compositor Maurice Ravel[32] desvela o sentimento de pertencer à nata da burguesia internacional que se compraz no convívio com sumidades da cena cultural. A notação da "verdadeira música" como "linguagem de anjos", do rosto "desenhado" do músico, das meias violeta, tonalidade replicada "no traje, na camisa, na gravata, no lenço da lapela", são passagens que restituem as filigranas de distinção patentes na foto ilustrativa, em papel couché, dos integrantes da comitiva. Victoria e duas amigas, envergando casacos de ombros folgados, toucas em tecido com motivos geométricos, echarpes de seda estampada e Ravel de pé, cigarro na mão direita, compõem o flagrante que filtra para o leitor o recesso segregado dos que imaginam viver nos alpes do espírito.

A escolta de Victoria é representativa do *grand monde* parisiense em que ela transitava, aproximando figuras estelares dos espaços de sociabilidade exclusivos da alta roda: Jean Hugo (1894-1984), bisneto de Victor Hugo, pintor, ilustrador, cenógrafo e escritor, em companhia da primeira esposa, Valentine Gross Hugo;[33] Jean Godebski, filho do patriarca Xavier Cyprien Godebski (1874-1937), amigo íntimo de Ravel, hóspede contumaz da família polonesa em Paris; Baba de Faucigny-Lucinge, nascida Liliane Marie Mathilde Beaumont (1902-45), filha do banqueiro francês Emile Beaumont, barão de Erlanger, estabelecido na Inglaterra, modelo favorita do costureiro Lucien Lelong, beldade casada com o príncipe Jean-Louis de Faucigny-Lucinge (1904-92). No auge da fortuna econômica, a nata da elite argentina competia com as congêneres europeias.

Aliás, o número comporta outras achegas à atmosfera rarefeita franqueada ao leitor: o ensaio de Julio Irazusta sobre as memórias de Lucio V. Mansilla a respeito do tio Juan Manuel Rosas; a resenha de Ramón Gómez de la Serna ao livro *Interludio*, de Girondo, cujo retrato se depreende dos passeios e comilanças em capitais do Velho Mundo, com o introito de praxe exaltando os louros do herdeiro de estirpe; a terceira resenha consecutiva do mea culpa de Mallea,[34] *Historia de una pasión argentina*, compêndio de confidências complacentes do profeta mirim que se enxerga superior ao país real que pretende reformar. Tais textos, somados à evocação de Ravel, dão o tom da condescendência *criolla* na raiz da dicção política com pedigree.

Política (guerra)

> "Je ne connais en France que trois puissances: la banque, les communistes et la *Nouvelle Revue Française*."
>
> (frase atribuída ao escritor Paul Bourget)

Em que consistia a política editorial de SUR no campo intelectual interno, no espaço hispano-americano e latino-americano, em meio à tenebrosa conjuntura internacional, marcada pela expansão dos regimes autoritários, pela Guerra Civil Espanhola e pelo estouro da Segunda Guerra Mundial? Um tanto esquizofrênica, SUR insistia em se alhear da política doméstica, mas se viu intimada a romper o resguardo diante de impasses externos, recuo que reverberou e abriu frinchas na tentativa feita até então de apartar-se de contenciosos e de forças políticas nativas. Tamanha ambivalência tinha a ver com os desafios enfrentados pelos periódicos europeus que pautavam as pretensões de excelência da voz emergente na periferia.

Os reveses sofridos pela *Revista de Occidente* e, ainda mais, pela *Nouvelle Revue Française* (NRF),[35] por conta da vitória do franquismo e da ocupação alemã em território francês, suscitaram questionamentos à postura sobranceira de SUR quanto ao papel dos intelectuais diante das tragédias em curso na Europa. De fato, desde a eclosão da Guerra Civil Espanhola, foram esmaecendo os devaneios que pregavam a distância dos assuntos políticos, pelo desgaste das margens de autonomia da atividade intelectual. O alinhamento incondicional da hierarquia eclesiástica, na Espanha e na Argentina, aos mandatários da ditadura franquista transtornou as investidas dos interlocutores no campo intelectual doméstico e externo.[36]

Os laços de Victoria Ocampo com Ortega y Gasset, editor-chefe da *Revista de Occidente*, reforçados nas viagens deste a Buenos Aires (em 1916 e 1928), estremeceram em 1939. Com a guerra espanhola, ele deixou a França e se refugiou na Argentina, onde se ligou a jovens nacionalistas aliados ao regime de Franco que editavam a revista de extrema-direita *Sol y Luna*. Desentendimentos em torno de uma nota em SUR culminaram com o pedido de Ortega para sair do conselho. Era o desfecho do que começara, dois anos antes, com o entrevero ácido de opiniões entre Victoria e o escritor José Bergamín, católico de esquerda e diretor da revista *Cruz y Raya*, sob pretexto do acolhimento de SUR ao escritor espanhol Gregorio Marañon, acusado de trair a causa republicana.[37]

Em 1937, os ataques ao pretenso "esquerdismo" de SUR desferidos pela revista católica *Criterio* motivaram o editorial em defesa do primado do espiritual sobre o político, o qual, de lambujem, em retaliação, aponta o envolvimento da Igreja católica em assuntos temporais, coadjutora em aliança tácita com os militares.[38] Decerto a reação católica pretendia sustar a concorrência aberta por SUR na seara antimoderna ao publicar artigos de escritores católicos renomados, a começar pelos de Maritain, estopim do contencioso. No espaço de meses, se esboroava a alardeada altitude filosófica, de timbre espiritualista, hostil às demandas de massas ignaras, o programa de conduta altiva e de tutela das classes inferiores que SUR havia importado da agenda cultista e supostamente desapegada de compromissos políticos do periódico orteguiano.

Já o enlevo pelo receituário "arte pela arte" da NRF foi mediado pelo envolvimento amoroso de Victoria com o escritor Pierre Drieu la Rochelle (1893-1945),[39] recruta promissor entre os protegidos de Jean Paulhan e de André Gide, autor cativo da editora Gallimard, empresa que bancava o periódico francês.[40] A par dos apertos financeiros do namorado, Victoria lhe propõe conferências regiamente remuneradas em Buenos Aires; a temporada argentina do escritor, entre maio e outubro de 1932, agitou a redação de SUR. Embora a relação tenha sido intermitente, entre 1929 e 1933, a leitura da correspondência entre ambos, que se estendeu até a véspera do suicídio de Drieu, esclarece as razões de ordem política que foram afastando de vez o casal:[41]

> Leio [...] a declaração que abre o n. 35 de SUR. Eu a desaprovo porque não se trata em absoluto de separação nítida em relação à política. Tomar partido pela democracia, dizer que o cristianismo tem a ver com a democracia – é uma afirmação política. Ademais, faz-se uma condenação velada do fascismo, mas não do comunismo [que é um inimigo ainda mais horrível da democracia que o comunismo pela hipocrisia].[42] Portanto, vocês são tão democratas ou cristãos como os da Frente Popular, aliados indiretos do comunismo que são na Espanha prisioneiros e homens de palha

dos agentes de Moscou em sua tarefa infame de tirania mascarada – isso quando não são por eles massacrados (16 mil sacerdotes mortos, diz o arcebispo de Paris).[43]

A adesão progressiva de Drieu à extrema-direita, alçado a líder dos escritores colaboracionistas da política cultural alemã na França ocupada, se contrapôs às mudanças de percurso político de Victoria por conta da adesão à causa aliada.[44]

No biênio 1936-7, reagindo à narrativa benfazeja de Gide sobre o regime comunista (o livro *Retour de l'URSS*, publicado pela Gallimard em 1936) e ao panfleto ácido de Céline, *Mea Culpa* (publicado pela Denoël no mesmo ano), ambos redigidos após viagens à União Soviética,[45] Drieu explicita as inclinações franquistas e anticomunistas, assume de imediato a "opção" fascista e rechaça a posição ambígua de *SUR* (n. 35/1937) no arrazoado em prol do cristianismo na democracia.[46]

No segundo semestre de 1940, logo após a ocupação de Paris, os dirigentes da política cultural nazista guindaram Drieu à posição de editor-chefe da *NRF*, com respaldo da família Gallimard. Seguiu-se a defecção na revista dos escritores hostis à colaboração – os consagrados Gide,[47] Valéry,[48] Claudel,[49] os judeus Julien Benda,[50] Jean Wahl e Benjamin Crémieux,[51] os protestantes Schlumberger e Paulhan,[52] os novatos Sartre,[53] Leiris[54] e Queneau – e cientes da impostura do mandato-tampão. A equipe de Drieu acolheu escritores da extrema-direita – Henry de Montherlant, Paul Morand, Ramón Fernández,[55] André Rolland de Renéville,[56] Marcel Jouhandeau. *SUR* abrigou nomes de todos os grupos mencionados entre 1931 e 1943.[57]

Acossada pelos compatriotas católicos integristas, pelas críticas de Drieu tachando a revista de aliada ingênua de Moscou, pelos desdobramentos polêmicos do Congresso dos PEN Clubs (Buenos Aires, 1936), pela "linha justa" reclamada pelos exilados espanhóis, *SUR* enfrentou, em 1937, o *annus mirabilis* em matéria de encruzilhada política. A essa altura, o comando editorial teve de acomodar alianças firmadas com intelectuais posicionados em todo o espectro doutrinário: os escritores de direita, Drieu, Ramón Gómez de la Serna (1888-1963),[58] Ortega y Gasset, Keyserling; os desarraigados da esquerda light, Waldo Frank e Maria Rosa Oliver; os intelectuais espanhóis refugiados nas Américas;[59] expatriados, como Roger Caillois.

Na Argentina, vale o lembrete, o costume de invocar a filiação ideológica dos intelectuais por vezes quer nublar os efeitos derivados da condição de classe. Trata-se de um estratagema herdado de uma tradição de história das ideias avessa às constrições da história social. Em 1938, o bombardeio de SUR prosseguiu pela voz de Pablo Neruda, então presidente da Aliança de Intelectuais do Chile, em reação ao artigo contra a pirataria editorial dos editores chilenos assinado por Ortega y Gasset, outra vez insultado pelo apoio a Franco.[60]

O desmanche da atitude altaneira de SUR, que se recusava a "submeter os interesses do espírito, seus princípios indeclináveis, às forças do imediato, da classe e da nação" – palavras de Guillermo de Torre na resenha às memórias de Julien Benda (*La jeunesse d'un clerc*) e aos testamentos políticos de Breton e de Gide[61] –, transparece na ginástica retórica a fim de preservar a insígnia de revista puramente literária, nas pegadas da NRF. A militância em defesa da cultura como prerrogativa da elite esclarecida, por meio de uma "revista de minoria", "de solitários", "de descontentes" (Mallea), e o empenho em se firmar como instância de consagração no plano interno sofreram baques em razão das vicissitudes por que passava o modelo francês.

Poder-se-ia adaptar a boutade de Paul Bourget à preeminência de SUR na Argentina, onde a centralidade da literatura na concepção da cultura legítima era homóloga ao caso francês. Os princípios da "arte pela arte" e as exigências de apuro formal a serviço da invenção – palavra mágica no léxico borgiano em transe criativo – se traduziam, na prática, no rechaço do naturalismo, do realismo, do romance psicológico e costumbrista, em suma, de tudo que pudesse evocar o mundo social argentino. No entanto, a exemplo da *NRF* diante dos sufocos da crise política nos anos 1930, *SUR* teve de ampliar o espaço concedido à atualidade política, talvez com dosagem menor de pluralismo doutrinário. A presença avultada de escritores protestantes e judeus na *NRF* anteriormente à ocupação em 1940 contrastava com a maioria de católicos e agnósticos na congênere portenha.

As intervenções dos colaboradores receptivos ao engajamento dos intelectuais se misturam cada vez mais às tomadas de posição política da revista, especialmente naqueles números que abrigam os textos programáticos dos escritores católicos encampados por *SUR*, defensores da terceira via equidistante do fascismo e do comunismo. Talvez se deva apreciar tal passo à luz da ferrenha competição que moviam contra *SUR* os periódicos da direita católica, nacionalista e antissemita.

O estouro da Guerra Civil Espanhola, em julho de 1936, provocou o acirramento do embate doutrinário no campo intelectual argentino pelo fato de a intelectualidade católica ter vislumbrado na contenda o ensejo privilegiado de recuperar terreno e protagonismo. Em consequência dos acordos entre o papa Pio XI e o ditador Mussolini que culminaram no Tratado de Latrão, firmado em 1929, o respaldo da Igreja ao "homem enviado pela Providência", nas palavras do pontífice, tornou o catolicismo a religião oficial do Estado italiano e garantiu à cúria uma generosa dotação financeira.[62] Decerto os católicos argentinos enxergaram a edificação do regime autoritário na Espanha como prenúncio de postura francamente favorável aos interesses da corporação eclesiástica, tal como havia ocorrido no caso italiano. A "guerra santa" de Franco mobilizou o alinhamento incondicional de lideranças leigas e eclesiásticas, bem como de revistas e organizações confessionais.

Em consequência do êxito formidável alcançado pelo Congresso Eucarístico Internacional, selando a aliança política entre a Igreja católica, o governo central e as famílias ilustres do patriciado, o papa Pio XI (bula *Nobiles Argentina Nationis*, abril de 1934) acolheu a demanda do presidente-general Justo ao somar dez novas jurisdições eclesiásticas às onze existentes, seis delas promovidas à categoria de arquidiocese.[63] A legitimidade precária do governo Justo, que denegara direito de voto à maioria da população, encontrou na Igreja fonte alternativa de respaldo político.

A passagem de Jacques Maritain por Buenos Aires e a publicação em SUR de suas invectivas contra os franquistas suscitaram, como esperado, a reação virulenta da revista católica *Criterio*, em textos subscritos por eminências prestigiosas do clero, que tachavam SUR de periódico de esquerda. Os queixumes encenaram o intercâmbio de desqualificações que beiravam a verdade por trazer à tona as fragilidades dos antagonistas.

Criterio insinuava o ressaibo elitista da postura "arte pela arte"; SUR retrucava incitando a Igreja a não se imiscuir em assuntos temporais. Os desdobramentos da peleja doutrinária evidenciaram fissuras em ambos os lados, tanto da opinião católica argentina, rachada entre o nacionalismo ultramontano e o liberalismo democrata, como das presilhas em que se movia o clã Ocampo, cuja palavra de ordem acentuava a postura olímpica em prol do "humanismo integral" de Maritain. No limite, foi se instituindo a disputa em torno de qual seria o melhor cristianismo; como se verá adiante, as tomadas de posição de SUR diante dos episódios da Segunda Guerra reiteram o apelo ao povo de Cristo.

O enfrentamento entre *Criterio* e SUR se inscreve na história das dissensões entre os nacionalistas católicos, antissemitas, e os católicos liberais, cujo manancial de inspiração era o pensamento renovador de Maritain. Em 1934, *Criterio* havia divulgado com primazia o texto "Pelo bem comum", o qual discute a responsabilidade cívica dos cristãos; em 1936, a convite geminado de *SUR* e dos Cursos de Cultura Católica (CCC), organização dependente da hierarquia eclesiástica e germe de uma universidade católica abortada, Maritain viaja a Buenos Aires para divulgar os tópicos centrais de seu *magnum opus*, *Humanismo integral*, recém-lançado em Paris, onde se pronunciava sem peias sobre a incompatibilidade entre os fascismos e o comunismo, de um lado, e, de outro, o cristianismo, vedando aos católicos a colaboração com tais regimes.

O estouro da Guerra Civil Espanhola e a adesão da Igreja oficial ao franquismo entornaram de vez o caldo, convertendo o filósofo em pivô de acirrada competição entre facções da elite católica argentina. Os católicos nacionalistas se empenhavam em denunciar os "erros" doutrinários e ideológicos no intento de detratá-lo, de minar sua autoridade intelectual, a fim de sustentar as posições antiliberais da hierarquia eclesiástica. Os "democratas" de *SUR* e congêneres se valiam da condenação aos regimes autoritários para legitimar suas tomadas de posição nos planos doméstico e internacional.[64]

Criterio, órgão oficioso da hierarquia eclesiástica argentina, era a revista católica mais influente na década de 1930 e estava desde 1932 sob a direção de monsenhor Franceschi, a principal liderança intelectual do laicato, defensor da ortodoxia papal e pilar do autoritarismo. Contava com a subvenção financeira do episcopado e com distribuição garantida nos espaços sob o controle confessional – paróquias, colégios, seminários, entidades. Os artigos de monsenhor Franceschi em *Criterio*, entre 1939 e 1943, condensam os subterrâneos do impensado católico acerca do antissemitismo, do comunismo, com fachada de equidistância diante das coalizões em confronto. Os encômios ao marechal Pétain e a Francisco Franco não deixavam dúvida sobre o lado para o qual recaíam suas inclinações, as quais oscilavam conforme os avanços e recuos das forças no conflito.

Tirante o posicionamento taxativo contra as políticas antissemitas do nazismo por parte de Victoria e Borges,[65] *Criterio* e *SUR* pareciam encontrar alguma convergência no rechaço – cada revista a seu modo – às ameaças suscitadas pelo comunismo. A Espanha franquista se mostrava disposta a firmar aliança com a Igreja em termos similares ao que lograra o fascismo italiano, o qual não abriu mão de impor leis raciais aos judeus a despeito dos pedidos de clemência do pontífice pondo a salvo os casamentos mistos. Os escribas militantes de *Criterio* se mostraram bem mais ambivalentes em relação aos judeus argentinos, ora acatando os estereótipos racistas em voga, ora buscando amainar os riscos de aniquilação pelo eufemismo da "caridade" cristã.

O elenco de pensadores cristãos abrigados em *SUR* reuniu representantes do personalismo atuantes na revista francesa *Esprit* (criada em 1932 e proscrita em 1941) – Emmanuel Mounier, Denis de Rougemont,[66] Jacques Maritain –, escritores católicos exilados – o monarquista Georges Bernanos[67] – e autores ligados à *NRF* – Paul Claudel. A defesa do personalismo inaugura com o artigo de Berdiaeff encabeçando o sumário, posição de honra que *SUR* lhes conferia, no qual explicita as críticas e os ataques ao marxismo, reiterados em textos de lavra idêntica.

Em fevereiro de 1936, a revista transcreve o debate que promovera em torno do movimento L'Ordre Nouveau, linha auxiliar do personalismo. A discussão fora liderada pelo palestrante Louis Ollivier, anticomunista e anti-Estado, defensor da propriedade e de medidas corporativas.[68] A profusão de escritores católicos e de filósofos espiritualistas nas páginas da revista se explica pela necessidade de manter a dianteira na única frente de batalha política em que *SUR* de fato se envolveu: a disputa com a direita católica ultramontana pelo comando ideológico da elite.

O protagonismo estético-filosófico do crítico judeu Benjamin Fondane[69] e do arquétipo humanista Jacques Maritain se inscreve nesse fervor pela terceira via. Romeno nascido em família judia, propagador e discípulo do filósofo cristão Léon Chestov[70] e próximo do círculo de letrados da NRF, Fondane visitou a Argentina em duas ocasiões, convidado a dar palestras por Victoria, tendo ainda colaborado em *La Nación*. Ela havia conseguido vistos argentinos no passaporte para ele e a irmã pouco antes de serem detidos pelos nazistas e internados em campo de concentração, onde Fondane morreu em 1944. As experiências com Fondane e Maritain serviram de contraponto às diretrizes seguidas por Drieu, tendo atiçado mudanças nos rumos políticos da revista; pelos laços com o judaísmo, eles demarcavam a ruptura com a direita católica antissemita.

Descendente de família abastada da burguesia protestante, mas casado com uma judia russa, Jacques Maritain (1882-1960) se converteu ao catolicismo em 1906, pelas mãos de Charles Péguy e de Léon Bloy. Em 1936, integrou a delegação francesa ao Congresso Internacional dos PEN Clubs, em Buenos Aires, de cujo comitê organizador participou Victoria. Seus primeiros artigos na revista advogam a independência do intelectual diante dos extremismos, à direita e à esquerda; prescrevem a reforma da Igreja a fim de preservar o controle das massas e o raio de influência na política.

A conferência de Maritain, publicada em dezembro de 1936, defendia de modo exacerbado o catolicismo, a Igreja, as encíclicas, as políticas sociais cristãs, tomava posição contra o Front Populaire e já acenava para um terceiro partido. O comunismo é o antagonista a ser abatido, quiçá com o emprego da força, em legítima defesa, atribuindo-se sua expansão à miséria e à humilhação das massas, ao egoísmo das elites e à propaganda de Moscou.[71] O "novo humanismo", aquele entronizado na obra *Humanismo integral*, daria conta da cultura livresca ("a lógica das ideias e das doutrinas") e das demandas das massas, do direito ao trabalho e à vida do espírito. A transformação radical da ordem burguesa se daria pela emergência de uma economia "personalista" e comunitária, refração temporal das verdades evangélicas.

Apesar da cautela de *SUR* ao adotar essa colagem espiritual como escape capaz de contornar posturas extremistas, os pronunciamentos de Maritain no Congresso de 1936 decerto motivaram a reação da revista católica *Criterio*, pró-franquista, que enxergou nas tomadas de posição pró-republicanas de Maritain o repúdio à adesão com foros de legitimidade da hierarquia católica argentina e de seus periódicos e círculos intelectuais ao fascismo. *SUR* reagiu em editorial no mesmo número em que publicou artigo de Maritain sobre a Guerra Civil Espanhola.[72]

No mais, a ladainha anticomunista em *SUR* emerge nos escritos dos católicos, no realce conferido por Julio Irazusta às críticas de Bertrand Russell ao marxismo, na polêmica entre Guillermo de Torre e o editor de *Hora de España* em torno da liberdade de expressão e do realismo socialista, na resenha de Roger Caillois sobre *O materialismo histórico* de Engels, entre outras imprecações de idêntico teor. Nada disso evidenciava descortino político, antes revelava o sentimento difuso de crise vivenciado com intensidade pelos mentores de *SUR*. A revista estava apenas replicando o anticomunismo esposado pela maioria da burguesia europeia bem antes da ascensão nazista.

Os momentos-chave da Segunda Guerra Mundial – o estouro em setembro de 1939, a derrota francesa e a ocupação alemã de Paris em 1940, o avanço alemão na União Soviética em 1941 e a derrota em Stalingrado, o ataque japonês a Pearl Harbour e a entrada dos Estados Unidos no conflito em novembro de 1941 – desidrataram o apoliticismo de Victoria Ocampo e da revista sob sua tutela, tendo como pano de fundo a tomada de consciência de que se esfumara o sonhado protagonismo da Argentina no continente latino-americano. Já antes da eclosão do conflito, no editorial de repúdio às ditaduras, Victoria publicara o relato de viagem a Frankfurt, em janeiro de 1939, no qual se insurgia contra os cartazes proibindo a entrada de judeus em hotéis, lojas e restaurantes.[73]

O dossiê "A Guerra", divulgado em outubro de 1939, inclui dois textos candentes: o alinhamento de Victoria à França e à Inglaterra em meio a outro registro de andanças pela Europa e a tomada de posição de Borges em favor da causa aliada, cuja prosápia, apesar de dissociar o povo e a cultura alemã de Hitler, evidencia a precária familiaridade com o emaranhado de causas na raiz do conflito.[74] No entanto, a maior preocupação de Borges, na abertura e no fecho do artigo, envolve quem ele designa como "imitadores autóctones, os *Uebermenschen* caseiros", prontos a instalar no Prata o arremedo do autoritarismo alemão.

Entre os alvos possíveis da apreensão estariam lideranças intelectuais comunistas, os irmãos Irazusta e comparsas, os vocais da corporação eclesiástica, correntes a braços com diagnósticos desencontrados sobre o imperialismo e nada receptivas à defesa da democracia. O regozijo com os embaraços aos interesses britânicos na periferia – em especial, na Argentina – e a percepção da jogada pan-americanista dos Estados Unidos no continente eram aludidos com frequência pelos vocais de todas as tendências do espectro ideológico. O comando do mundo capitalista estava mudando de mãos e a posição privilegiada da Argentina parecia insustentável.

Divulgados em outros periódicos, os escritos de guerra de José Luis Romero, colaborador insigne da equipe editorial de *SUR*, compõem um diagnóstico realista e pessimista dos impasses com que se defrontava o país nos estertores da "década infame". Os abusos da política imperialista, as fragilidades dos países não industrializados e produtores de matéria-prima, a urgência da frente comum com outras nações latino-americanas, as premências econômicas e sociais das classes trabalhadoras, são preocupações que desvelam os impasses da encruzilhada argentina às vésperas da fermentação peronista.[75] Já os artigos de Romero em *SUR* enxaguam o tirocínio político, prenhes da tepidez característica de uma inteligência à la Mannheim que se acreditava livre de vínculos.

O número 67 de *SUR*, de 15 de maio de 1940, encartava o editorial "Voz de alerta", impresso em páginas soltas, cuja finalidade insinuada era demover o governo do presidente Ortiz do neutralismo que vinha norteando a política externa argentina e, por tabela, indigitar os militares nacionalistas e as lideranças católicas por detrás dessa postura, como lesivos aos interesses do país e à causa aliada.[76] O número "A guerra na América", em dezembro de 1941, subsequente ao ataque japonês a Pearl Harbour, reitera o alinhamento irrestrito do círculo de *SUR* à causa aliada, instando outra vez o governo argentino a abjurar o posicionamento de neutralidade.[77]

O número consagrado ao Brasil, em setembro de 1942, homenageava o vizinho por conta da decisão de Vargas de abdicar da postura ambivalente e declarar guerra à Alemanha. Ao fim da conferência de chanceleres americanos, no Rio de Janeiro, em janeiro de 1942, a Argentina sustou a moção de repúdio às forças do Eixo, mas o governo brasileiro decidiu romper relações diplomáticas com a Alemanha, a Itália e o Japão; em agosto de 1942, em resposta ao afundamento de navios brasileiros no Atlântico, Vargas determinou a entrada do país na guerra junto aos Aliados.

Tal empreitada editorial parece ter sido negociada junto à cúpula do Estado Novo, soando como propaganda oficiosa da ditadura brasileira. Setembro era o mês de regozijo pelo quinto aniversário do regime. O sumário reúne trechos do discurso de Vargas (proferido no dia 7 de setembro, data comemorativa da Independência), artigos e poemas de uma seleta de escritores cooptados pelo Estado – Carlos Drummond de Andrade, Manuel Bandeira, Mário de Andrade, Ribeiro Couto, Murilo Mendes, Jorge de Lima, Adalgisa Nery, Vinicius de Moraes –, além de quase dez páginas de ilustrações que reproduzem murais e retratos a bico de pena e a óleo dos intelectuais mencionados, todos assinados por Portinari, e desenhos de Guignard [78]

A elite intelectual do regime – altos funcionários, assessores renomados, diplomatas de carreira, empenhados em realizar a obra pessoal e em preservar o ganha-pão – foi aí festejada com verbetes de enaltecimento biográfico e bibliográfico. O público culto argentino tinha em mãos um guia inusitado da *entente* entre o governo Vargas e a nata de intelectuais e artistas bafejados pelo poder público. Era a mostra típico-ideal de uma modalidade de inserção no campo intelectual desconhecida na Argentina, onde prevalecia um estilo de patrocínio da atividade intelectual sob o comando de mecenas privados, dos quais a revista *SUR* era o arquétipo mais bem-sucedido naquela conjuntura.

A guerra destroçara as noções da inteligência argentina acerca do peso e das peculiaridades da inserção do país na ordem mundial. Paris ocupada e Londres bombardeada haviam escancarado a penúria cultural de Buenos Aires, ora tendo de lidar com seu status periférico em busca de novas parcerias. O número dedicado ao Brasil se encaixa nessa estação de secura, de repentino escanteio. Os leitores de *SUR* foram brindados com obras de escritores e artistas plásticos brasileiros no momento de afluxo de artigos importados do vizinho no comércio portenho. Em vez da nação estrangeirada que a elite imaginava replicar ao sul, tomava vulto o país sul-americano que se parecia mais com os congêneres do que se queria admitir.

O posicionamento internacional de *SUR* era similar ao de outros órgãos favoráveis à causa aliada – como a revista *Orden*

Cristiano (1941) –, a que se contrapunham as publicações nacionalistas defensoras das forças do Eixo.[79] O governo militar instaurado pelo golpe de 1943 persistiu com a postura neutralista de fachada sem afrontar o nazifascismo até janeiro de 1944, quando o governo argentino rompeu relações diplomáticas com a Alemanha e o Japão, motivando racha interno de vulto no interior da coalizão. Em março de 1944, o general Farrell assumiu o cargo de presidente, reforçando o poder da célula nacionalista e anticomunista da qual Perón era figura de proa, juntando as funções de secretário do Trabalho às de ministro da Guerra em março e de vice-presidente em julho do mesmo ano. A vitória dos Aliados e o isolamento diplomático argentino desaguaram na declaração de guerra, em 27 de março de 1945, gesto que marcou a derrota da facção nacionalista e o início da hegemonia peronista. Tarde demais para esquecer: a guerra findara em meio ao estrépito do vozerio militar no plano interno, temido por Borges e a turma da revista.

Política (nação)

> "*Hablan sin ruido en nosotros las sangres de nuestros muertos argentinos. No son nuestros ni el apuro, ni la codicia, ni el resentimiento, ni la baratura cívica del recién llegado. Lo que pensamos y decimos de la Argentina tiene de pronto quatrocentos años de raiz hacia abajo.*"
>
> (Eduardo Mallea, "El hombre gordo de Kensington", SUR, n. 75, dezembro de 1940, p. 17)

A gravidade da crise e o acirramento dos embates doutrinários esgarçaram a autonomia do literário em confronto com a política, de cujas injunções NRF e SUR não lograram se esquivar. No fogo da luta ideológica, o grupo de SUR adotou estratégias distintas nos campos da política e da cultura: de um lado, fez o jogo das forças conservadoras, empenhadas em minar o radicalismo e as demandas populares, indiferentes à sujeição econômica aos países centrais; de outro, deu fôlego ao mercado editorial por meio de traduções cuidadas e de originais que se ombreavam com a produção estrangeira de qualidade, dando impulso à nova etapa de substituição de importações culturais.

O espaço considerável concedido aos escritores católicos ensejou a ofensiva no campo discursivo, estratégia que balizava uma prática política de timbre espiritualista. As iniciativas editoriais atestam o contributo decisivo ao avanço do campo de produção cultural. Em 1935, no ano seguinte ao malfadado Pacto Roca-Runciman, de rendição às cláusulas inglesas de comércio, SUR se valeu de notável artimanha escapista: publicou com destaque o artigo com setenta páginas de Gerald Heard – quase 80% do espaço – a respeito, pasmem, das mudanças no vestuário dos ingleses.[80]

As linhas de força da política editorial de SUR se concentram em eixos temáticos, cuja centralidade se dilata ou reflui conforme as circunstâncias da conjuntura na cena intelectual e política, doméstica e internacional. Do início até 1938, divulgam-se os diagnósticos do país, de nações vizinhas, da América Latina, das Américas, de autoria dos chamados "viajantes" – Waldo Frank, José Ortega y Gasset, Hermann Keyserling, entre outros –, os quais, de fato, mereceriam no máximo, *summa cum laude*, o epíteto de turistas acidentais. Diversamente da experiência de vida e de convívio prolongado dos viajantes europeus, nos séculos XVII, XVIII e XIX, os hóspedes incensados de SUR faziam viagens de curta duração e desconheciam a história da região.

Não obstante, os "viajantes" de honra sentiam-se autorizados a manejar um amontoado de notações idiossincrásicas calçando juízos sentenciosos da trajetória argentina, vazados em dicotomias em que os termos aplicáveis aos nativos repercutiam, como espelho deformado, os traços positivos da civilização europeia. Em contrapartida, embora *SUR* buscasse dar vazão a respostas consistentes dos ensaístas locais às investidas da rasante detratora, financiadas pelas próprias vítimas da sabotagem, o que pode justificar tamanha autofagia?

A resposta prende-se a razões de ordem política e intelectual. Os viajantes propiciavam um discurso político rarefeito por procuração, arremedo de posicionamento, empolado mas prestigioso, em meio ao embate acalorado de diagnósticos sobre o sentido da experiência histórica argentina. Na condição de intérpretes colonizadores de última geração, davam selo de qualidade ao estágio de diferenciação a que chegara o campo intelectual, com hegemonia inconteste da literatura e, como se verá adiante, de uma literatura para entendidos em literatura, cujos predicadores empreendiam, em paralelo, o boicote e a degola de competidores.

Na falta de especialistas reconhecidos nas disciplinas humanísticas emergentes – sociologia, antropologia, história –, a febre interpretativa dos viajantes sem estofo retemperou a forja de ensaios sobre o caráter nacional, em continuidade à tradição rediviva, no ano do centenário, por González, Rojas, Lugones e Gálvez, que remontava aos escritos de Cané, Ramos Mejía, Bunge, Quesada e Sarmiento nos idos de 1880-90. Os ensaios de Scalabrini Ortiz, de Ezequiel Martínez Estrada, de Eduardo Mallea, do hoje esquecido Carlos Alberto Erro (1903-68) e mesmo do Borges ensaísta da década de 1920 e do começo dos anos 1930[81] se inscrevem na dicção de fôlego impressionista, intuicionista, inspirada em paradigmas europeus afeitos a deslindar a substância do ente nacional.

O estrondo do Borges *criollista* na época é o discurso pronunciado na celebração do quarto centenário de fundação da cidade de Buenos Aires, em fevereiro de 1936, transmitido pela rádio do Teatro Colón.[82] A fala é perpassada pela nostalgia em relances topográficos – pátios, cancelas, ruas, cafés, tango, subúrbios contíguos ao pampa – e não se furta a tópicos controversos então reavivados pelo revisionismo histórico: a busca do Rosas "verdadeiro", o conflito entre a capital e as províncias, as guerras contra os caudilhos, achegas que desaguam na literatura gauchesca inventada por escritores urbanos. O gaúcho é o "vencido estoico" em que se reconhece o portenho, sobre o qual se assenta a história mitológica do país por meio da vitoriosa Buenos Aires rosista.

Interpreto a voga do ensaísmo praticado pelos viajantes estrangeiros e por epígonos nativos como o subterfúgio intelectual legítimo de fazer política à distância, sem compromisso ostensivo com a agenda dos ideólogos em voga, incontornáveis no sufoco que persistia em meio a recaídas de fraude e de ilegalidade. Os governos que se sucederam entre o general Justo e o presidente Ortiz, de 1931 a 1943, se distinguiam do regime Vargas pelo calibre da fachada autoritária, não pela escala de arbitrariedades na ausência do marco legal democrático.

Em vez das conclamas receptivas ao corporativismo de molde fascista, acalentado por luminares da inteligência católica antimoderna ou por arautos do patriciado, prontos a devolver à Igreja o status que lhe fora confiscado pela laicidade, o pessoal de *SUR* enveredou pela senda intelectualista que consiste em transmutar lutas sociais em dilemas de civilização. Dito de outro modo, na cola dos princípios esposados pelo historicismo spengleriano dos viajantes, o ensaísmo quase espírita de Mallea, por exemplo, elegeu a narrativa histórica esquemática dando guarida ao queixume de restauro do poder da oligarquia. Refraseadas em linguajar messiânico, as propostas de fundo político, de sua lavra, asseveram as pragas vocalizadas pelos irmãos Irazusta e seguidores, cobrindo o espectro conservador da época.

Decerto por conta da sintonia com Eduardo Mallea, a voz de comando na política editorial dos anos 1930, a presença regular de Julio Irazusta[83] em *SUR*, entre 1932 e 1938, começou antes do estardalhaço em torno da obra escrita em parceria com o irmão Rodolfo – *La Argentina y el imperialismo británico. Los eslabones de una cadena* (publicada pela editora Tor, de Buenos Aires, em 1934)[84] – que iria lançar os fundamentos do revisionismo histórico. O assentimento de Mallea logo transparece no pequeno ensaio *Conocimiento y expresión de la Argentina* (publicado em Madri, pela Editorial SUR, em 1935), cujas assertivas ecoam tópicos do libelo anti-imperialista. A convite também de Mallea, Irazusta escrevera colaborações para o suplemento literário de *La Nación*, depois reunidas no volume *Actores y espectadores* (Editorial SUR, 1937). Outros trabalhos de Julio Irazusta mereceram acolhida favorável na revista, como, por exemplo, o escorço biográfico de Rosas, personagem proeminente no panteão remanejado dos guias da pátria.[85]

No campo intelectual argentino, a notoriedade dos irmãos Irazusta, "rentistas empobrecidos pela crise",[86] remonta à criação da revista *La Nueva República* (1927), remanso de conservadores de peso – Manuel Gálvez, Carlos Ibarguren, Leopoldo Lugones, Ernesto Palacio –, aguerridos contra a candidatura de Yrigoyen na campanha sucessória do presidente Marcelo Alvear. Após o interregno mal sucedido da filiação de Julio ao radicalismo (1935), indicado como suplente na chapa para deputado provincial, os fervorosos cristãos Irazusta fundam o antiliberal Instituto Juan Manuel de Rosas de Investigaciones Históricas (1938). Talvez o afastamento de Julio tenha derivado do enfrentamento belicoso entre os responsáveis de *SUR* e os católicos nacionalistas com os quais ele se afinava.

A título ilustrativo, pelo confronto entre reações locais divulgadas na revista, poder-se-á atinar com certos impensados do senso comum erudito a respeito do país. Homero Guglielmini (1903-68), autor de *Alma y estilo para una caracterologia argentina*, desanca o livro de Keyserling – caudaloso, digressivo, mitológico, mágico, disparatado –, dando ênfase às manhas retóricas em vez de esquadrinhar o ente nacional.[87] José Luis Romero (1909-77), por sua vez, contesta as teses de Keyserling pelo topos convencional acerca dos limites inerentes à visada do observador de fora, em descompasso com os autóctones, sem se indagar quanto ao cabedal de informações ao alcance de uns e outros. Ele mobiliza estereótipos da América do Sul concebidos por estrangeiros – o cinema norte-americano, os centros financeiros –, reflexos distorcidos do original europeu, ou então, augúrios de futuro duvidoso.

Segundo Keyserling, o altiplano andino, a selva e o pampa definem o carma telúrico do homem sul-americano, à mercê de impulsos contraditórios: a gana, o ressentimento, a suscetibilidade, a delicadeza, a crueldade. Do remoinho de forças primordiais – a supremacia irrevogável da vida sentimental sobre a racional na Argentina – derivam a exacerbação erótica e a tristeza. As reservas de Romero assinalam o quão arbitrárias se revelam tais invencionices, sem indagar acerca do contexto em que medraram as meditações espiritualistas do filósofo alemão.

O artigo de Waldo Frank, no número inaugural de *SUR*,[88] é mostra eloquente da indigência intelectual dos viajantes, aquém do estado de conhecimento então disponível sobre a região. Seu foco é o Brasil, centro "da cultura tropical do novo mundo", apropriado em pauta ecológica e ambiental, como objeto de cobiça do colonizador, manancial de recursos minerais (manganês, ouro, ferro), de florestas, de águas. Os contrastes de praxe entre a colonização espanhola e a portuguesa – entreguista, mercantil, liberal, mestiçada – dão a deixa para a sentença do futuro cultural em risco, caso prevaleçam os interesses comerciais corrompidos, enraizados em São Paulo, cujos valores plagiados de Paris e Nova York são o dólar e a "arianização". O único jeito de reverter o jogo seria resistir às pretensões de mando dos cafeicultores. Tendo em mente o saber da época, o acúmulo de sandices é sintoma de desnorteio.

A despeito das refutações das teses dos viajantes, subsistem, em surdina, a receptividade dos ensaístas credenciados de SUR – Mallea, Romero, Erro – às diferenças detectadas entre as paisagens, a terra, a natureza, daqui e da Europa, e o realce à iconografia da diversidade geográfica, tão explícito nos cadernos de imagens nos primeiros anos da revista.[89] Tudo se passa como se os retratos regionais fossem o negativo do destino histórico desprezível, a matriz esquisita da sociedade inviável.

Na resenha ardida de Bernardo Canal Feijóo (1897-1982) sobre Martínez Estrada, o mesmo esquadro desabonador nutre as reflexões do autor sobre o pampa: paisagem zerada, destituída de selva, de montanha, de história.[90] Em *sotto voce*, explicita o rechaço dos ideais da geração de Sarmiento, da contribuição dos imigrantes e do que possa evocar a Argentina em crise. À maneira anedótica dos traços essencialistas já referidos, Estrada escolhe emblemas atávicos – o punhal, a teatralidade do povo, o tango –, em chave rebaixada de detração, quiçá de fabulação e de absurdo.

Feijóo desmonta o pessimismo fatalista e salienta as condições históricas da dependência argentina, na raiz dos "erros de política social e econômica". Por aí se abrem os caminhos tortuosos pelos quais SUR vai deixando se esgueirar as notações sobre o país real. No jornal *Crítica*, em 1933, Borges já havia identificado, com perfídia, as fontes historiográficas – Spengler na cabeça – na gênese dos ensaios de "interpretação patética da história e da geografia", bem como a dívida do ensaísmo ventríloquo com os escritos de Keyserling e de Waldo Frank.[91]

Historia de una pasión argentina, de Mallea,[92] fez jus a três incensos consecutivos – o primeiro assinado por Feijóo – em número subsequente ao desmonte do "estradismo".[93] O relevo então concedido ao livro tem a ver com o encargo profético de representação de que os mentores de SUR se sentiam imbuídos. No campo de embate ideológico – os pleitos retrógrados do catolicismo antimoderno se contrapondo aos acenos aos regimes autoritários de direita –, a elite letrada abraçou com fervor o diagnóstico vicário de Mallea, que concebeu o apanhado caricato das transformações em curso movidas pela avalanche imigrante, suavizado por reptos consoladores de renascimento da pátria de outrora.

O apelo do autor para livrar do casulo e fazer existir o que ele designa como Argentina "invisível" condensa os sentidos da empreitada de regeneração moral e espiritual da nação de que os intelectuais de SUR se sentiam depositários. A despeito das convenções e das travas do gênero memorialístico em que se enredam "confissões" como as de Mallea, no caso "o problema pessoal subjetivo tem um sentido de escorço simbólico de um problema maior". O indivíduo Mallea se arroga como "a imagem necessária [...] de sua pátria", assim como a inteligência de SUR reivindica o mandato de brigada responsável por insuflar o ente nacional. O improviso profético contrapõe a prosperidade da metrópole portenha, tomada pelos imigrantes, ao patriotismo de seiva *criolla*, estendendo a paixão pessoal ao élan cívico, infenso ao compasso sociológico ou ao faccionismo político, conclamando à ação prática em busca do programa para a conquista do poder.

O recado é "produto de um estado histórico de espírito", aquele acalentado e burilado pela minoria estrangeirada à frente de SUR. Eis aí o modo habitual dissimulado de fazer política com os volteios e as afetações da ginga elitista. Por ocasião do número comemorativo dos dez anos da revista, após o enaltecimento do advento da Argentina invisível preconizado pelo oráculo Ocampo, Mallea assina duas laudas de manifesto nacionalista extremado – defesa intransigente do ser argentino na veemência da xenofobia – e pauta a tarefa que a revista jamais empreendeu: "Um balanço dos problemas da nação".[94]

"O homem gordo de Kensington" alude ao escritor católico inglês Gilbert Keith Chesterton, de contos fantásticos e novelas policiais, um dos favoritos do jovem Borges; o outro nome evocado na proclama é Julio Irazusta.[95] A cifra no título faz aceno de *entente* literária ao concorrente Borges enquanto a menção a Irazusta reverencia o ensaísmo nativista a seu paladar. Pelo viés de insuspeitadas afinidades, Borges e Irazusta são invocados em meio à enunciação da diretriz política. Mallea justifica a procedência do repto não pela gravidade da crise, mas pela antiguidade dos fundadores de SUR – "vivemos aqui desde os tempos da conquista e temos nas veias apenas sangue espanhol e argentino" –, imunes às chagas dos forasteiros arrivistas, a cobiça, o ressentimento, o barateamento cívico.[96]

O diagnóstico de Mallea remexeu fundo o cerne da agenda política da revista, o papel e as funções do escritor, a autonomia da prática intelectual. Diante do avanço dos movimentos autoritários, culminando com o estouro da Segunda Guerra Mundial, SUR buscou acomodar tendências antagônicas em relação à criação literária e às condições necessárias ao exercício do ofício letrado.

A vertente sob a batuta de Mallea, coadjuvado por Victoria, Guillermo de Torre e José Luis Romero, tematizou o envolvimento dos intelectuais com movimentos e doutrinas políticas, distinguindo os intelectuais passivos, voltados à confecção de sua obra, dos escritores engajados nas lutas sociais e políticas.[97] Abriu espaço à discussão de argumentos sensíveis à temática – Huxley, Julien Benda, André Gide, Berdiaeff[98] –, ou então peitou à sua maneira as condutas que lhe pareciam desviantes ou os escritos de rendição aos ditames políticos dos regimes autoritários.

Borges e o pelotão de parceiros – os veteranos Lanuza e Marechal, os afilhados José Bianco e Bioy Casares[99] – empreendem o assalto ao território litigioso em manobra dupla. De um lado, os missionários estão empenhados em propagar as boas-novas sobre a aurora da alvissareira era literária, a qual depende da observância a procedimentos de fatura inerentes a uma literatura desmaterializada, infensa às servidões do mundo social e temporal. De outro, eles descarregam chumbo pesado sobre atrevimentos em matéria de juízo literário heterodoxo; rechaçam perspectivas intrusas e disciplinas de fronteira, como a sociologia, disparate a ser exorcizado, pela propensão a se guiar por princípios alheios à fruição do néctar provado na tessitura da escrita.

A primeira corrente, propensa aos desígnios programáticos de Victoria Ocampo e Eduardo Mallea, buscou incentivar a feição ensaística sofisticada em paralelo à defesa intransigente de uma inteligência livre de injunções políticas, desengajada, afeita sobretudo às coisas do espírito. Essa tendência prevaleceu incontestada ao longo da década de 1930, dando ao periódico a fisionomia de cosmopolitismo cultural, livre-arbítrio intelectual e não alinhamento político. A partir de 1939, com a difusão dos primeiros escritos ficcionais de Borges e dos discípulos – José Bianco, Bioy Casares, Silvina Ocampo, Maria Luisa Bombal, entre outros –, SUR foi se convertendo em revista predominantemente literária, refreando o pendor ensaístico em prol da defesa acerba dos procedimentos estéticos da confraria borgiana.

Literatura

> *"Descreio da história; ignoro na plenitude a sociologia; creio entender algo de literatura, já que em mim não descubro outra paixão que não a das letras nem quase outro exercício."*
>
> (Resenha de Borges do livro *Le roman policier*, de Roger Caillois, SUR, n. 91, abril de 1942, p 56)

Por último, quero tratar da literatura germinada em SUR, ou melhor, do programa estético e dos primeiros frutos da empreitada de cuja originalidade os artífices tinham bastante consciência. Refiro-me ao talhe da concepção do fazer literário segundo o mentor, Jorge Luis Borges, e os acólitos – Adolfo Bioy Casares, José Bianco e Silvina Ocampo. Ao longo da década de 1930, na produção de Borges coexistem os escritos de timbre *criollista* a respeito de traços morfológicos do "argentino", aparentados aos ensaios do "caráter nacional", os rodapés críticos sobre os clássicos da poesia gauchesca e os autores britânicos de cabeceira – Chesterton, Shaw, Wells, Swinburne –, as resenhas de obras filosóficas e metafísicas, as notas sobre procedimentos literários e, ao fim do período, as narrativas testando amálgamas entre ensaio e ficção.

A resenha do livro de Américo Castro – *La peculiaridade linguística del habla rio-platense y su sentido histórico* (1941)[100] – evidencia os recursos usuais da crítica literária então exercida por Borges. Ao caracterizá-lo como "leitor hedonista" voltado a "aspectos laterais da obra", Prieto[101] resume os expedientes indefectíveis da prática. Nela se mesclam, em doses variáveis, um credo estético da aura da obra de arte, uma ética universalista temporã e um fogacho de afetação, envoltório sobre o qual costumam silenciar os intérpretes do autor.

Borges desqualifica a monografia de Castro pela pretensão historicista e, ainda, pelo viés de associar formas de tratamento, vocábulos e expressões à voz criativa dos destituídos. Apesar dos eventuais reparos ao nexo histórico invocado por Castro, não de todo convincente, incomoda sobremaneira a Borges o apelo a mediações destoantes da cartilha purista que apregoava. Refuta as interpretações do filólogo como exercícios intelectualistas, postiços, falseadores de suportes a fim de comprovar teses. E o faz acionando, com estrondo, pruridos de letrado onisciente: infenso aos constrangimentos do contexto histórico; propenso ao culto dos heróis nativos (Rosas); pronto à desfeita dos que lhe parecem indignos de figurar no panteão (Ricardo Rojas). Tais implicâncias conformam a toada de quem se considera magistrado e primaz da beleza, arredio aos que se credenciam, pelo saber competente, como especialistas. Eis um flagrante do Borges crítico indômito, voz temível, juiz sentencioso, *criollo* infalível.

Costuma-se tratar da usina de criação literária de modo estanque, tendo como diagnóstico incontestável os parâmetros e o linguajar gestados por Borges e aliados. A história da crítica literária sobre a obra de Borges está de fato ancorada em critérios e valorações emitidos pelo autor; a sujeição a tal pedágio alicerça os mitos de invenção de nomótetas[102] como ele. Logo, a opção de privilegiar os escritos de teor literário tende a induzir à apreciação mutilada do corpus. Ajuizar os desígnios formais de Borges com base nos contos reunidos em *Historia universal de la infamia* (1935), em *El jardín de senderos que se bifurcan* (1941) e em *Artificios* (1944) redunda na paráfrase de princípios enunciados pelo autor como propulsores do material literário. É preciso colher evidências dos modos de fabricação nas diversas frentes de sua prática intelectual nos anos 1930.

A brigada de comparsas combatia "o exercício ilegal da crítica", a saber, as incursões de acento sociológico, desacatos à ortodoxia dos magistrados do belo. Em defesa de *Dom Segundo Sombra*, de Güiraldes, Marechal declina os clichês do receituário formalista que nem sequer adeptos entusiastas teriam hoje o desplante de sustentar. Sendo o juízo sobre a beleza, a única razão de existir da obra de arte, uma intuição de ordem suprarracional, apanágio de poucos, a maneira de detectá-la consiste em mirar as coisas no "esplendor de sua forma", isto é, em sua "formosura" viva e encarnada na palavra. Daí o absurdo de enxergar problemas sociais e econômicos, forçosamente efêmeros e contingentes, em obras de arte situadas em domínio superior na hierarquia da humanidade.[103]

Os artigos sobre tópicos filosóficos e metafísicos têm sido até agora relegados, como se não tivessem liga com a oficina literária. A meu ver, contudo, esses escritos constituem fonte indispensável à inteligibilidade da visão de mundo em cujas engrenagens foram se engendrando o kit de pensamento estético e a prática literária, convertidos em selo de originalidade e de excelência.

Antes de explorar o Borges irracionalista e cético em relação às contingências que moldam o mundo social, vale a pena rememorar a conjuntura histórica de crise aguda, nos planos doméstico e internacional, em meio à qual foi tomando alento e fisionomia o ateliê de letrados, que acabou prevalecendo, nas páginas de *SUR*, sobre outros formatos literários. Basta lembrar os ensaios e novelas de Mallea, aí acolhidos com pompa e desvelo até meados da década. A difusão da nova safra de escritos borgianos coincidiu com o início da Segunda Guerra Mundial, com a ocupação nazista de Paris, com os anos sombrios do expansionismo alemão, com Pearl Harbour.

A fatura literária de Borges germinou em meio ao acirramento da refrega política e ideológica suscitada pela guerra, nas páginas de um periódico editado na periferia por mecenas eurocêntricos, cosmopolitas, no país cujos dirigentes políticos foram dos últimos, no continente, a romper com a postura neutralista que de fato equivalia ao alinhamento pró-Alemanha. A empreitada se viabilizou ao arrepio das alternativas de engajamento então em voga, no intento de isentar o ofício literário do desconcerto instaurado pela barbárie. O faz de conta teria sido impensável no tumulto europeu da época, o qual vinha intimando até os escritores convictos da aura a se pronunciar tanto no registro literário como no plano político.[104]

Não basta situar o contexto da guerra como pulso de experiências de algum modo rastreadas em linguagem literária; não sendo algo como um metro universal ao qual nenhum escritor estaria imune, a guerra punha em xeque as respostas de compromisso ou de rechaço diante das orientações políticas em confronto. A consagração internacional da obra de Borges na década de 1950, a começar pela França, desconsiderou o contexto argentino em que fora gestada, o que validou a doxa da crítica literária em torno do escritor nato e de seus feitos.

Eram materiais de jogo e de entretenimento, endereçados a leitores seletos, cujos estereótipos povoavam os relatos, na pele de personagens excêntricos, quase máscaras engessadas de classe. A leitura prazerosa pressupunha o domínio da tradição literária, das cifras capazes de deslindar enigmas compartilhados no círculo de sociabilidade. O pacto de fruição implicava o leitor cúmplice de padrões de gosto, afeito a estrangeirismos, capaz de enfiar a segunda pele do privilégio por merecimento.

A epígrafe desta seção escancara o fulcro das convicções do escritor ainda em processo de aquisição de bagagem e de autoridade aos trinta e dois anos, em 1931, ano da criação de *SUR*. Quero por ora salientar alguns traços singulares da curiosidade de Borges em matéria cultural, trilhas inovadoras e decisivas na modelagem da fatura literária em germe. O interesse pela novela policial,[105] pelo cinema norte-americano, em particular pelos diretores europeus aí atuantes – Sternberg, Lubitsch, Hitchcock[106] –, mas também pelo estúdio Disney, pelas divas, pela atenção aos preceitos do gênero policial e ao primado das imagens na matéria cinematográfica, atestam a receptividade a produtos lucrativos da indústria cultural da época, até então refugados por críticos que costumavam associá-los ao consumo de mau gosto das massas. Borges, no entanto, não partilhou a reserva perante o que era tachado como contrafação ao alcance dos pobres e dos trabalhadores. Os formatos narrativos do romance policial e dos filmes teriam impacto sobre os lineamentos da literatura que estava prestes a engendrar, decerto o empréstimo mais fecundo na modelagem da mitologia urbano-industrial inspirada em linguagens não convencionais.

A anglofilia de Borges tampouco se traduziu em acolhimento dos luminares (T. S. Eliot, Richards e F. R. Leavis) da crítica literária inglesa, hegemônica na década de 1930, embora as tomadas de posição de *SUR* fossem permeáveis às teses elitistas disseminadas pela revista *Scrutiny*:[107] o diagnóstico de crise da cultura pela qual seriam responsáveis as massas, o industrialismo, o secularismo, a democracia, barrando o ideal eliotiano da "sociedade cristã" que se sobreporia aos conflitos de classe. Ele resistiu ao caldo doutrinário que misturava candor espiritual e desprezo pelas novas frentes da cultura popular.

A mestria narrativa de Borges se valia de recursos e procedimentos corriqueiros em gêneros literários consumidos por públicos de nicho – o romance policial como arquétipo de convenções transmutadas em efeitos verossímeis de distanciamento perante a moldura realista. O manejo dessas ferramentas de composição infundiu à sua prosódia o veio lúdico que pautou o desenho de um universo ficcional inconfundível. Em vez do ensaísmo de paráfrases e de louvação, quero ressaltar as miragens que desconcertam.

Entre elas, as digressões sobre os prós e os contras da dublagem de filmes, que sintetizam a mistura de registros e alusões que alimentam o métier literário borgiano. Borges insinua se insurgir contra o artifício de enxertar outra voz e outra linguagem – a beleza de Greta Garbo na voz de Eva Perón, por hipótese –, mas se confessa fisgado pelas combinatórias "espantosas" no *thesaurus* da criação artística. Rechaça a dublagem como engano, logro eficaz, tão bem captado na disjuntiva de "paraíso negativo", mas enxerga aí o lance que enovela os feitiços de que se vale na forja literária.[108] O falseamento descortina veios insuspeitados de bricolagem. Essa prática reflexiva esquadrinha achados formais propícios à mimesis desnorteante da sociedade argentina que estava aprontando.

O problema do timing na confecção do roteiro e na montagem do filme – o recurso ao flashback, às inversões cronológicas –, ou então, a absorção das regras de ouro da novela policial ilustram procedimentos que repercutiram, em molde distinto, na fatura de textos que apelavam a chamarizes homólogos àqueles reconhecíveis em artefatos destinados a públicos massivos. Em vez de explorar apenas a mina de recursos providos pela erudição, Borges buscou se assenhorear de truques e golpes de cena a fim de garantir diversão, nonsense e graça no mobiliário do estilo em progresso.

O tão propalado desapego por personagens envolventes, moldadas em bainha psicológica, verossímil e realista, reféns de emoções desencontradas, encontra expressão à altura na figura chapada do detetive Parodi, resolvido em pinceladas fortes de *criollo* velho e tarimbado, ex-cão de guarda de próceres políticos. Por outro lado, a aprendizagem de calibrar a escrita em esquadros discursivos ajustados ao projeto gráfico e ao espaço exíguo na grande imprensa – por exemplo, na feitura dos textos destinados à *Revista Multicolor de los Sábados*,[109] enfeixados em *Historia universal de la infamia* – teve continuidade quando Borges tomou pulso das exigências do gênero policial.

Os contos que abrem o livro de H. Bustos Domecq (pseudônimo da parceria entre Borges e Bioy Casares), *Seis problemas para don Isidro Parodi* (1942) –, "Las doces figuras del mundo" e "Las noches de Goliadkin" –, foram antes publicados em *SUR*.[110] O detetive Parodi, cumprindo pena de prisão perpétua, desvenda crimes do interior da cela, usando tão só a sua inteligência. Os relatos de suspense gaiato, à la Conan Doyle e Agatha Christie, parodiam a tradição inglesa do gênero na voz do narrador argentino de cepa, em tom farsesco, empreitada castiça de ataque ao costumbrismo com repiques de sátira.

Trata-se de contos policiais de fachada, nem contos e nada policiais. A trama detetivesca é pretexto para reinações de outro feitio. O esqueleto narrativo do gênero, ou melhor, o fiapo de estória faz as vezes de suporte em cujos desdobramentos o arremedo das convenções se conjumina às incursões ferinas de um *criollo* falastrão e reservado. Parodi e os figurantes do causo se regalam com peculiaridades nativas – o locutor onisciente e sabichão, conhecedor dos bairros, dos estereótipos, dos idiomatismos; entrementes, armam a peça de crítica social, eivada de propósitos políticos conservadores, cuja credibilidade se encrava em lampejos de requinte mundano.

Don Isidro Parodi condensa as obsessões e os meneios do macho nativo reverenciado por Borges, quase decalque do padrinho Macedonio Fernández: o ritual de tomar mate, o desdém pelos italianos e por quaisquer coletividades de imigrantes, a alergia a novidades modernizantes (ferrovias, frigoríficos) do capitalismo. Parodi herdou de Macedonio a hombridade, a panca, a autossuficiência, o limbo existencial, a verve da oralidade.[III]

"Las noches de Goliadkin" sintetiza os procedimentos acionados na feitura de narrativas crípticas de um gênero tido como menor, em língua cevada por palavras estrangeiras em itálico (anglicismos, latinismos etc.), enxertos postiços do estro local, enunciada por personagens que se movem em cenários improváveis de país emergente com sestro de civilização. Parodi serve-se de mate em jarrinho "celeste", a cor da bandeira pátria, do chauvinismo; se pronuncia sobre os militares, já rondando como pretendentes a protagonistas da república infame; investe contra o rádio, arquétipo da mídia ao alcance do populacho. Eis algumas das cumplicidades de *habitus* compartilhadas com os artífices de SUR, ora estiradas de ponta-cabeça como materiais de distanciamento na representação literária. Em chave sibilina, Borges está convertendo o imaginário contrito da revista em combustível de charadas ficcionais.

A dicção empostada é pontuada de afetações que engastam vocábulos e frases em francês, mostras de cabotinismo e marcadores metalinguísticos. A abundância de galicismos provoca efeitos gozados por serem de todo dispensáveis. A intrusão de estereótipos – "notório aspecto israelita" –, de clichês, de ideias prontas, de lugares-comuns, sucede em meio a trapalhadas e reviravoltas do teatro de bulevar. O narrador zomba dos discursos elevados – a poesia –, faz pouco de bardos provincianos e glosa clássicos nacionais – *"recuerdos de província"*, o subtítulo do opúsculo lírico de um estreante de Catamarca, plagia as memórias de Sarmiento.

O cenário implausível dos entreveros entre os personagens – a viagem de quatro dias em trem noturno, reminiscente de *Shangai Express* (1932), filme de Sternberg com Marlene Dietrich –, em lugar do itinerário Pequim-Shangai, liga a Bolívia a Buenos Aires. O roteiro restaura a quimera do vice-reino do Prata. A locomotiva teria de cobrir as províncias perdidas – Bolívia, Paraguai, Uruguai –, as regiões contestadas e inóspitas – Chaco, Misiones –, as províncias rebeldes – Corrientes, Entre-Rios –, antes da parada no terminal portenho, na Paris SUR de Parodi. O trem-fantasma percorre o território de confrontos na guerra da Tríplice Aliança, a terra de caudilhos e do tirano Solano López. Eis o quadro político de fundo da chanchada sul-americana, ora com pique de invento literário.

O grupo de figurantes do relato replica de modo derrisório, em tom de chacota, o elenco de personagens da película: a baronesa de araque Puffendorf-Duvernois está no lugar da prostituta Shangai Lily (papel de Dietrich); Goliadkin, o judeu russo traficante de diamantes, faz as vezes do comerciante eurasiano e líder rebelde Henry Chang; o padre Brown é duplicata do reverendo Carmichael. Mas o *criollo* Montenegro acaba preterido e não se credencia aos favores sexuais da baronesa, desfecho bem distinto do enlace amoroso e da cumplicidade envolvendo Dietrich e o capitão-cirurgião Donald Harvcy, por quem ela arrisca a vida. Na China e no Prata, pululam falsários, cortesãs e parasitas.

As intervenções plurais de Borges nesse momento, em SUR e em outros suportes (*El Hogar*, *Crítica*[112]), demonstram a atração por escritores de best-sellers, de novelas policiais – Chesterton, Edgar Allan Poe, Ellery Queen – e de livros de aventuras – Kipling –, modais de gêneros que, em medida significativa, foram apropriados em suas ficções. Constam da carpintaria de gêneros populares o apelo a nomes que arremedam personagens da atualidade, o uso de palavras estrangeiras fora de contexto, o desvirtuamento de heróis, a cantilena de costumes *criollos* em fundo falso, recursos que cativam o leitor culto, apto a decifrar o entretenimento para cuja fruição ele e o autor dispõem de repertório análogo de subentendidos. Os exemplos já mencionados permitem aquilatar a nascente criativa que Borges rastreou na indústria cultural, conformando um modo de convulsão literária imerso nas convenções midiáticas do capitalismo moderno.

Outro elemento saliente do agenciamento textual consiste na menção reiterada, em tom de galhofa, a autores, obras, correntes e lugares-comuns da vida literária contemporânea, ora debicando dos impensados do saber prático ministrado por letrados, ora investindo contra a notoriedade espúria, ora simulando tropos e epifanias canhestras. "Pierre Menard, autor del Quijote"[113] é o paradigma da fatura metaliterária. A mixagem entre os recursos emprestados à indústria cultural e os expedientes característicos da erudição confere a *griffe* da forma textual de Borges, ao tirar partido das fontes mencionadas por meio de manhas de estranhamento e de escorregões que desautorizam o narrador em favor do escritor *metteur-en-scène*.

Tais observações sintetizam o acervo acumulado por Borges por meio dos empréstimos à indústria cultural, talvez o arrimo da voz literária instigante. Não obstante, a face criativa coexistiu com as filosofias da existência tão ao gosto de sua geração.[114] Eis o momento de esmiuçar o fundo de categorias metafísicas acionadas, de um lado para justificar certa concepção universal de natureza humana e, de outro lado, para barrar ameaças ao desmanche dos princípios invocados pela prática de criação literária infensa às coordenadas de contexto, às constrições da trajetória biográfica e às lutas por hegemonia e legitimidade no interior do campo intelectual. Enquanto os artilheiros da brigada destroçam as investidas materialistas do sociologismo, o sumo sacerdote ensaia o esboço da ontologia que lastreia os "artifícios" literários.

A fim de calçar tais partidos e estribar os rompantes de escritor-prodígio, Borges lança mão de parábolas – a doutrina dos ciclos, as vicissitudes da tartaruga, o espelho dos enigmas[115] –, que lhe permitem ajuizar impasses e sofismas contornados, quase sempre, por sentenças de licença poética ou por apostas redobradas nos mistérios insondáveis do ser. Todavia, há método e capricho na calibragem das demonstrações, diferidas, a cada parágrafo, por malabares e acrobacias textuais. A profusão de obras citadas, a cascata de autores em séculos de monopólio de autoridade, as homologias faciais, as convergências aproximativas, as coincidências forjadas, os imbróglios de sentidos, as ambivalências que desarrumam regularidades e perigosas classes de semelhanças, tais são os lances retóricos que vão dando fôlego aos reparos e aos dilemas que antecedem os arremates reflexivos.

O leitor é instado a se enganchar em cada peripécia do arrazoado, saboreando provas, conceitos, avanços e recuos de argumentação, desvios e abismos do pensamento, para chegar, estupefato, à súmula pedagógica que se aninha no fecho, por meio da embolada de sentenças com palavras doutas que levam tudo à estaca zero, à vala de ideias universais, zeladas pelo autor com enfeites de beleza, assovios de cúmplice e certezas de iniciado. As manifestações empíricas são expurgadas para não embaçar a generalidade.

Os títulos *Historia de la eternidad* ou *Historia universal de la infamia* despistam o cerne da argumentação, arredia a quaisquer franquias de compreensão contingente da matéria literária. O emprego dos termos "infinito", "eternidade", "regressão" intenta desidratar o sujeito reflexivo e proceder ao desmonte da figura social do autor. No tocante necrológio dedicado a Lugones, Borges dissocia o engenho metafórico da paranoia política.[116] O obituário considera impertinentes quaisquer juízos sobre as sucessivas reconversões políticas do poeta suicida, que se transmutou de socialista em democrata e daí a "profeta" reacionário conclamando os militares à salvação da pátria.[117]

Torna-se, pois, inviável atinar com os sentidos da estética borgiana em germe sem recuperar os atavios da crença na roda da fortuna metafísica, movida pelo acaso, tendente à repetição, à circularidade, ao eterno retorno. Dito de outro modo, eis o Borges negacionista do tempo histórico, dos condicionantes de toda espécie, dos marcadores de classe e de gênero, em suma de toda morfologia capaz de esfumar a estranha partenogênese de uma "natureza humana" dotada do poder inefável de criação literária.

Ao conceber o ofício autoral como espaço fluido, indeterminado, ao despregar o escritor do entorno, Borges tenciona descontaminar a literatura da história. Confere assim status e majestade à doutrina da prática literária adotada por escritores da periferia que se enxergam como herdeiros cosmopolitas de "toda a boa literatura do mundo", segundo a expressão que Bioy Casares usou, outra vez invocando assertivas do padrinho consagrado.[118] A postura anti-histórica procura se justificar pelo apelo à complexidade e à variedade de experiências, o que torna impossível deslindar alguma causalidade adequada e convincente.

Invenção é o *mot de passe* da estética borgiana de criação literária, a qual se traduz no trabalho incessante de corpo a corpo com a escrita, tanto mais bem-sucedida quanto mais mobilizar procedimentos metaliterários. O domínio das convenções dos diversos gêneros, a variedade de soluções engenhosas, a dispensa das travas realistas e psicológicas são mostras de preceitos que, paradoxalmente, requerem dos letrados a familiaridade com a história da literatura, o controle apurado da sequência de inovações e dos esquadros formais que notabilizam autores e obras do panteão emergente.

O jovem escritor escolhido por Borges como afilhado intelectual e parceiro de trabalho se assemelha por inteiro aos mentores privados da revista. Adolfo Bioy Casares (1914-99), filho único e mimado do estancieiro, empresário, homem público e memorialista Adolfo Bioy[119] e de Marta Casares, cuja família possuía uma indústria importante de laticínios,[120] havia se destacado na mocidade como esportista (rúgbi, atletismo, boxe, hipismo) e campeão de tênis, antes de reorientar as veleidades para a literatura. A socialização de Adolfo não destoa do trem de vida transatlântico do patriciado portenho. Entre os dez e os quinze anos, em companhia dos pais, fez sucessivas viagens à Europa, ao Oriente Médio, ao Caribe, aos Estados Unidos. Após hesitar entre o direito, a filosofia e as letras, acabou se dedicando à gestão da estância familiar. Estreou em livro em 1929, financiado pelo pai, ao que se seguiram contos, novelas, antologias em coautoria com Borges e com a escritora Silvina Ocampo (sua esposa desde 1940), além das estórias com pseudônimos, evocativos dos bisavôs de Borges (Suárez e Bustos) e das avós de Bioy (Domecq e Lynch).[121] A iconografia de Bioy Casares testemunha os foros de patrício de estirpe, ora montando cavalos de raça em trajes de equitação, ora rodeado por cachorros, em especial por Ajax, o dinamarquês de estimação, que até mereceu registro literário.[122]

A resenha de Bioy Casares à primeira edição de *El jardin de senderos que se bifurcan*[123] condensa em registro típico-ideal o receituário estético de Borges, parafraseado com frequência pelos críticos como preceitos reiterados à exaustão. Ao definir o trabalho de Borges como "uma literatura da literatura e do pensamento", Bioy Casares remete de pronto ao estatuto elevado do autor – que "poetiza problemas de crítica, de lógica, de gnoseologia e de metafísica" (E. A. Imbert) –, ao domínio do repertório erudito indispensável à mistura de ficção e ensaio como selo de qualidade. O rigor, a concisão, a elegância, o ineditismo são atributos do ideal de invenção de "um escritor para escritores, especializado em surpresas" (Imbert)[124] logradas pela imaginação.

O cotejo com os acervos dos gêneros entronizados como antídotos à narrativa realista – a novela policial, o conto fantástico – privilegiou o modo de construção como critério de valor, ou então, no palavreado do discípulo, "a sedução dos livros inusitados". Outros recursos narrativos acentuam o baralho de gêneros e realçam o primado da literatura cerebrina, intelectualista, destinada à audiência qualificada de entendidos. Apenas leitores peritos estariam aptos a distinguir personagens reais de fictícios, a ajuizar o calibre de autoridade concedido às vozes dos narradores, ou a fruir as delícias da erudição sem cabresto. As citações, as notas de rodapé, as dedicatórias, os nomes próprios, os escorços biográficos, os catálogos de obras, as bibliografias, os títulos e os lauréis acadêmicos, as filiações institucionais prestigiosas dão corpo à penca de alusões históricas de fancaria.

A pletora de glosas, de despistes, de engodos, de piadas evidencia o cabedal do autor e, ao mesmo tempo, enquadra a comédia humana em chave derrisória, orquestrada pelo grão-mestre vidente que finge se subtrair ao mundo contingente. A resenha pretexta indagar, ao final, se é possível considerar o livro "representativo" de uma época, de um lugar, de um autor, mas logo se apressa em desqualificar os que fazem esse tipo de pergunta como gente com aversão à literatura e interesse apenas pelos fatos políticos, sociais e sentimentais. Eis a súmula da defesa da literatura de Borges, literatura que, pela mediação de *SUR*, alçou voo e conquistou legitimidade no firmamento da república mundial das letras.

Epílogo contrastivo

Epicentro do establishment cultural portenho, a revista *SUR* permite auscultar a pulsação dos entusiasmos da inteligência agasalhada pelo mecenato privado. Tal como sucedia nas instâncias em que se repartiam os empenhos de patrocínio – museus, associações, editoras, jornais –, a turma em torno de Victoria Ocampo reuniu figurões endinheirados a trânsfugas que se reorientaram para a atividade intelectual por algum tipo de falência ou de desgaste do capital familiar.

Embora tendo cumprido itinerários de vida e de trabalho bastante distintos à primeira vista, Maria Rosa Oliver, José Bianco, Jorge Luis Borges, Adolfo Bioy Casares, procedentes de famílias de elite, eram rebentos tresmalhados da herança plena do capital familiar: Maria Rosa por conta da poliomielite que comprometeu as chances no mercado matrimonial; José Bianco pela perda do esteio paterno, quadro importante do Partido Radical, forçado ao exílio; Jorge Luis Borges por força dos revezes conjugados do declínio material familiar e da cegueira paterna; Adolfo Bioy Casares pela *nonchalance* de herdar apenas os haveres como rentista ao desistir de liderar os negócios do clã.

Não dispondo de empregos estáveis na universidade, na administração pública ou em empresas privadas, a fornada de escritores aí projetados logrou um arranjo de sobrevivência profissional no qual confluíam proventos oriundos de múltiplos afazeres e de encomendas de frentes da indústria cultural da época. Todos eles escreviam resenhas e colunas nos suplementos literários dos principais diários, divulgavam colaborações, contos e ensaios em revistas de variedades, faziam traduções, dirigiam coleções e prestavam consultoria em editoras prestigiosas.

Integrantes de primeira plana dessa inteligência custeada por uma carteira de variados encargos na divisão de trabalho intelectual então vigente, eles investiam tempo e energias nos veículos impressos credenciados e no setor editorial de ponta. Quase todos autodidatas, destituídos da fortuna material pregressa, mas dotados de elevado capital cultural, os colaboradores de SUR tinham livre trânsito nos círculos mundanos da elite portenha e mantinham um trem de vida similar ao do patriciado do qual eram vocais em assuntos do espírito.

Não é de estranhar que patronos e beneficiários tenham convergido na adoção de posicionamentos políticos, tanto nos contenciosos motivados pelos episódios da guerra, como no que respeita aos litígios em âmbito doméstico. O *panache* elitista, que tomara fôlego nas refregas doutrinárias com os católicos nacionalistas, transmutou-se em prumos de exclusivismo, antes de desembocar, diante de mudanças societárias de vulto cujo sentido lhes escapou, na militância defensiva do antiperonismo.

Do ponto de vista da atividade intelectual, a inteligência portenha teve condições propícias de harmonizar o ofício profissional à feitura da obra pessoal. Basta rastrear as constrições da mídia impressa no estilo e nos sentidos do trabalho ensaístico e ficcional, conjunção bastante distinta do que sucedeu no caso brasileiro. Alguns romancistas brasileiros na década de 1930 lograram um arranjo de sobrevivência profissional similar ao dos escritores de SUR – aliando variados encargos de consultoria editorial ao trabalho regular como tradutores, em paralelo à feitura de obras de ficção. Os empréstimos a modelos estrangeiros diversificados alargaram as fontes de referência temática e estilística para todos; mas a cunha dos moldes inspirados pela voga do romance policial e das histórias de detetive não se tornou um mote tão decisivo como foi para Borges e seguidores.

Os principais autores brasileiros do romance social adotaram como paradigmas escritores contemporâneos de variada procedência – em especial, russos (Tolstói, Dostoiévski, Gogol) e norte-americanos (Sinclair Lewis, John dos Passos, Theodore Dreiser, Ernest Hemingway)[125] –, outro prenúncio de troca da sede da hegemonia cultural, os Estados Unidos em lugar da Europa. Os confrades argentinos e os romancistas brasileiros estavam expostos ao consumo dos mesmos gêneros da indústria cultural que haviam de incidir, em medida desigual, sobre a estruturação da narrativa literária. Todavia, a leitura das histórias em quadrinhos e das novelas policiais, além da frequência ao cinema, teve impacto distinto na modelagem da ficção borgiana e das sagas romanescas de José Lins do Rego, de Lúcio Cardoso ou de Erico Verissimo.

Não obstante, as transformações de peso então em curso nos processos de substituição de importações não esgotam as razões estruturais que modelaram o feitio da narrativa ficcional nesses países. Tampouco a firmeza dos laços do círculo borgiano com a fração europeizada da oligarquia constitui a senha de inteligibilidade do "grau zero de escritura" a que aspiravam. Os modernistas brasileiros e argentinos fizeram avançar a substituição de bens simbólicos ao empalmar as inovações introduzidas pelas vanguardas europeias, dando continuidade à galomania dos antecessores anatolianos.[126] O congelamento da importação de livros europeus estimulou a safra abundante de traduções, mas a transição nas rotas da dependência surtiu efeitos contrastantes no tocante à produção literária autóctone.

As consequências das modalidades de mecenato se fizeram sentir na gestação do universo temático, nos gêneros literários e nas linguagens utilizadas para dar conta dos diagnósticos sorrateiros do mundo social engendrados pelo tratamento ficcional. As novidades propaladas pelos letrados de *SUR* eram caudatárias da impregnação pelos gêneros e convenções da indústria cultural – o cinema, a novela policial e o conto fantástico –, suportes de peças literárias que se pretendiam autotélicas, em princípio destituídas de referências ao mundo social circundante, cuja compreensão se apoiava no repertório requintado do leitor culto e propenso à pura fruição estética.

O descolamento do paradigma realista garantiu o salvo-conduto junto às instâncias e aos detentores da autoridade simbólica. Apesar de não haver logrado então assentimento unânime no país, a consagração internacional da metaficção germinada em *SUR* passou ao largo do contexto argentino. Borges logo foi alçado ao pódio de escritor mundial, cosmopolita, capaz de agenciar universos de experiência representativos de uma pretensa condição humana. Sobrevalorizada pela dispensa do carimbo argentino, como se fora inteligível a despeito do liame societário, a literatura de Borges converteu o rechaço do realismo em rentabilidade estética, em parâmetro de juízo no mercado externo. Já os romancistas brasileiros, apesar do sucesso editorial retumbante no país, ficaram confinados à cena literária doméstica e jamais alcançaram a projeção, a notoriedade e o reconhecimento logrados por Borges em escala internacional. A invenção literária fora dos prumos realistas teve ressonância em foros externos; a bainha convencional do romance social restringiu o alcance à jurisdição nativa.

Borges incensava o ego do leitor ao lhe conceder o privilégio de sentir-se dotado do cabedal indispensável ao desfrute de iguarias; ato contínuo, ele nivelou o status do leitor ao do escritor, como que turvando a agência autoral. *Primus inter pares*, o Borges leitor concebeu a confraria dos convertidos à nova profecia. A inserção de menções cifradas a personagens e a lugares do imaginário classista, bem como de idiossincrasias do linguajar portenho, foi se convertendo em matéria de adivinhação para a crítica literária, empolgada pelo incitamento a rastrear alusões doutas e pela sátira encenada de ojeriza a estereótipos da identidade nacional. Era o jeito tortuoso de reciclar os topoi da tradição ensaística sem abdicar do status extraterrestre da obra literária, como se o material ficcional assim fabricado pudesse valer como sucedâneo, mais que perfeito, do mundo social abjurado.

Por sua vez, os prosadores do romance social à brasileira pareciam cativos dos retratos do país – as obras de Gilberto Freyre, de Caio Prado Jr. e de Sergio Buarque de Holanda –, interpretações vincadas pela história econômica e social, editadas na primeira metade dos anos 1930. Eles compatibilizaram os procedimentos romanescos de russos e norte-americanos à feitura de sagas regionais que relatavam a história do declínio material e político das oligarquias, de onde procediam. A ruína do protagonismo dos antigos senhores se tornara a matéria-prima de estórias de "degradação" dos heróis narradores, cujas penosas experiências de falência pessoal e familiar espicaçaram a apreensão das relações de força e de sentido entre grupos em conflito. O afrouxamento dos laços com a classe de origem e o confronto com mundos alternativos ensejaram a consciência da heterogeneidade de interesses e da diversidade de experiências societárias, pré-condições à objetivação literária.

O contraste entre "a literatura para iniciados em literatura" e "a novela social" não esgota a diversidade cultural nesses países, como bem atesta, por exemplo, a vertente "costumbrista" na ficção argentina na década de 1930. Privilegiei o projeto estético de Borges no intento de realçar o protagonismo logrado no campo intelectual da época, em meio às relações de competição entre os grupos de escritores em disputa pelo sentido legítimo do literário. Tampouco pretendi rotular a produção literária em *SUR* como "alienada", em contraposição à pretensa verdade histórica da "novela social".

Talvez se possa aventar a hipótese de que a liderança intelectual substituiu a perda do comando social e político por parte dos mentores de *SUR*. No Brasil, o surto do romance social tomou alento na conjuntura de derrota da oligarquia paulista, mecenas do modernismo; emergiu, não por acaso, em rincões estratégicos para a coalizão em torno de Vargas – os estados do Nordeste, Minas Gerais e Rio Grande do Sul. Na Argentina, a classe alta portenha foi desalojada dos postos de mando no campo do poder. A troca de guarda beneficiou as frações em ascensão: os industriais de origem estrangeira, as forças armadas recrutadas nos estratos médios, os quadros eclesiásticos procedentes da área rural, a fornada de políticos profissionais originários de famílias europeias recém-imigradas. SUR constituiu o último refúgio de uma classe em retirada da esfera temporal.

O mecenato privado argentino favoreceu o surto de uma literatura para entendidos em literatura, cujos relatos anedóticos se prestam ao registro do mundo social por anamorfose; os porta-vozes da ficção comercial brasileira não lograram se subtrair às diretrizes dos intérpretes do país seus coetâneos, instigados a empreender a representação realista e mimética de uma sociedade em ebulição. Lá, o referente esquálido de Borges, aqui, a desforra verista de Graciliano.

A cumplicidade com o estilo de vida e com o resguardo político do patriciado, o fascínio e a impregnação pelos procedimentos de gêneros *high-brow* da indústria cultural e o cultivo de fantasias anacrônicas de grandeza nacional tracionaram o engenho literário de Borges, ensejando a fatura de matéria textual ancorada em cifras, em enigmas, em mistérios. O dispositivo hiperintelectualista requeria a intermediação de críticos e de intérpretes aptos a dar legibilidade, pelo manejo de lentes especiais de revelação. As figuras distorcidas tinham de se tornar reconhecíveis por meio de ângulos e de escalas ao alcance apenas do leitor versado em esoterismo letrado. Borges foi equiparado aos nomótetas contemporâneos do fazer literário – Kafka, Proust, Joyce, Beckett –, escritores cujos escaninhos de invenção requerem o trabalho incessante de exegese por parte de especialistas abalizados.

A empatia com o recesso das oligarquias regionais, as agruras de toda ordem provocadas pelo declínio material de suas famílias e a busca de horizontes utópicos foram os nutrientes das epopeias romanescas recobradas pelos novelistas brasileiros. A história pessoal de cada um deles estribava o relato do itinerário da geração e da classe a que pertenciam por laços de parentesco e de compadrio, quase o decalque fotogênico de uma experiência social que havia engolfado o autor e os personagens em matéria de ficção em que o travo documental plasmava o invento literário.

Sexo, voz e abismo

VOY A DORMIR

Dientes de flores, cofia de rocío,
manos de hierbas, tú, nodriza fina,
tenme prestas las sábanas terrosas
y el edredón de musgos encardados.

Voy a dormir, nodriza mía, acuéstame.
Ponme una lámpara a la cabecera;
una constelación; la que te guste;
todas son buenas; bájala un poquito.

Déjame sola: oyes romper los brotes…
te acuna un pie celeste desde arriba
y un pájaro te traza unos compases

para que olvides… Gracias. Ah, un encargo:
si él llama nuevamente por teléfono
le dices que no insista, que he salido…

Alfonsina Storni
(*La Nación*, 26 de outubro de 1938)

Alfonsina Storni e Horacio Quiroga são escritores profissionais emblemáticos do campo literário argentino, nas três primeiras décadas do século XX, numa conjuntura em que o ofício letrado respondia às necessidades de uma fervilhante indústria cultural de impressos. Prensados entre o rechaço movido pelos líderes da vanguarda *martinfierrista* e a adulação concedida pelos periódicos de ampla tiragem, eles deram feição inovadora a gêneros canônicos por meio de linguagens ajustadas às preferências do público emergente e aos moldes imperativos da mídia impressa. Outsiders aos olhos de Borges e congêneres, não obstante foram ícones de uma pujante indústria cultural que se espraiava em variados gêneros e formatos expressivos. Embora tivessem se amoldado às oportunidades de trabalho na imprensa e nas revistas de variedades – a coqueluche do mercado de publicações destinadas à massa de leitores de origem imigrante –, acolheram tais apelos com o bagaço de vidas atormentadas. A repercussão comercial e artística dessa desova literária heterodoxa incomodou os baluartes da vanguarda portenha, que, em inúmeras ocasiões, não hesitou em depreciar o valor de temíveis concorrentes. Na pele de forasteiros recém-integrados à cena portenha, eles responderam aos intentos de desqualificação com os recursos políticos e literários ao seu alcance, juntando a excelência de letrados profissionais à entonação candente do pesadelo privado.

Meu interesse por Alfonsina e Quiroga tem a ver com a condição de escritores menores a que foram relegados por largo tempo pela história e pela crítica literária, numa conjuntura de expansão da indústria cultural de que se tornaram baluartes. A condição marginal favorece a visada do campo literário em gestação pelo flanco de voz dos ilegítimos, pela balança de experiências dissonantes, pela bainha de méritos estéticos denegados. Pretendo, de um lado, esmiuçar as condições que viabilizaram a legitimação contestada de heróis culturais em colisão com o establishment dito inovador e, de outro, evidenciar de que modos essas trajetórias acidentadas supriram a matéria-prima vazada em artefatos literários reticentes aos parâmetros vigentes. Alfonsina e Quiroga foram inovadores sem o saber, dando voz a vivências discrepantes do imaginário romântico-nacionalista da elite *criolla*.

O itinerário insólito dessa parelha de escritores permite rastrear o vínculo entre o sofrimento de perdas sucessivas – de lastro material, de afetos, de parceiros, de reconhecimento – e um projeto literário imerso em idiossincrasias temáticas e linguagens destoantes. Alfonsina levou ao paroxismo o acerto de contas da mulher pobre e desprotegida com o desgosto amoroso, este enfrentado com fibra e valentia. Quiroga, por sua vez, erigiu aos trancos um universo ficcional inquietante no qual buscou decantar a enfiada de lutos vividos em registro de culpa e expiação.

No início dos anos 1920, eles se tornaram amigos íntimos, amantes, em convívio num círculo de artistas, letrados e editores; liam e comentavam os textos um do outro, discutiam projetos, trocavam livros, ideias, desgostos; nos últimos anos de vida, ficaram gravemente doentes na mesma época. O suicídio dele dilacerou Alfonsina, mas, quem sabe, desbastou a resistência que ainda lhe impedia de ousar fazer o mesmo. Para ambos, a realidade de um câncer, então incurável, apressou a decisão autoral do aniquilamento. Foram sujeitos apaixonados que não se deixaram abater, desde os desenganos da juventude até o desfecho do drama. A exemplo de tantos artistas e escritores contemporâneos, a vida e a obra de Alfonsina e de Quiroga se mesclam num sorvedouro intragável em que circunstâncias externas, sentidas por eles como sendo em parte de sua responsabilidade, modelaram a redenção como projeto literário e sublimação.

Não obstante, em virtude das exigências prementes em que sucedeu a concretização das veleidades literárias de ambos, a indústria cultural jogou papel decisivo nessa partida. Assim como tiveram de se curvar às demandas compulsórias que lhes faziam os veículos em que trabalhavam, souberam sujeitar os materiais de divulgação a seu respeito aos lances promocionais que foram lhes garantindo a cotação de celebridades. Atendiam à agenda do momento, nas crônicas e intervenções na imprensa; aprenderam a se valer da mídia para amplificar a presença na cena cultural e espicaçar a curiosidade pelos seus feitos orais e por escrito. A declamação, por exemplo, prática em grande voga, proporcionou a Alfonsina chaves de composição, oportunidades de franqueza confessional e o expediente quase infalível de sedução performática. As exigências temáticas e estilísticas postas pela indústria cultural se revelaram tão ou até mais decisivas do que as injunções derivadas das origens de classe. Dito de outro modo, o eco classista reverberou, acintosamente, mediado pelas engrenagens engessadas da mídia. A jovem provinciana sem recursos e o herdeiro periclitante tiveram de calibrar os tóxicos aptos a modelar o ímpeto criativo palatável ao gosto da freguesia sem pedigree.

Vidas de romance

Horacio Silvestre Quiroga era o quarto filho de Prudencio Quiroga, homem de posses e detentor do cargo honorário de vice-cônsul argentino, na cidade uruguaia de Salto, onde vivia a família.[1] Quando Horacio tinha um ano, o pai disparou contra si próprio um tiro fatal, não se sabe se de modo deliberado. Aos dezoito anos, o jovem Quiroga presenciaria outro drama: o padrasto, paralisado por um derrame, suicidou-se com um tiro de escopeta no rosto, deflagrado pelos dedos do único pé que ainda se movimentava.

Em 1898, ocorre o encontro decisivo para os rumos de vida: Quiroga e o amigo (futuro biógrafo do escritor) Brignole fazem a primeira visita ao poeta Leopoldo Lugones, em Buenos Aires, dando início à amizade duradoura que pesaria no futuro pessoal e profissional. Entre março e junho de 1900, o jovem

Quiroga viajou pela Europa, tendo redigido um diário dessa temporada atribulada.[2] Em 1901, seus irmãos Pastora e Prudencio falecem de febre tifoide, no Chaco argentino.

De volta a Montevidéu, ele viveu um tempo em companhia de amigos, aos quais se junta o primo de um deles, Federico Ferrando; fundam uma agremiação literária, experimentam drogas e haxixe; datam do período os primeiros escritos. Em 1902, sucedeu o segundo evento trágico que reaprumou tudo. Ao examinar um fuzil em casa de um amigo, Quiroga mata sem querer Federico Ferrando; é preso, mas logo posto em liberdade graças à rede de apoio com que contava; deixa o país e se hospeda em casa da irmã mais velha, em Buenos Aires. A sequência de desastres vai obrigá-lo a mudar de planos e a se socorrer do remanescente da herança paterna.

Em 1903, convidado por Lugones, integrou a expedição de estudos subvencionada pelo Ministério da Educação Pública, liderada pelo mestre, às ruínas jesuíticas de San Ignacio, em Misiones. A viagem motivou a virada no sentido da existência. Tendo adotado a cidadania argentina, a que tinha direito pela ascendência paterna, radica-se em Buenos Aires. Já em 1904, entusiasmado pelo sonho de se embrenhar na selva, gasta o legado ao instalar-se na região do Chaco, em sítio afastado, a sete léguas da capital regional. Começa a construir o rancho; planta dez hectares cuja colheita é dizimada pela seca; ao longo de dois anos, escreve alguns contos. As empreitadas econômicas mal sucedidas, os inventos abortados e o resguardo literário foram, desde o começo, os suportes contraditórios dessa aventura em terra inóspita. Difícil deslindar por que razões ele equacionou assim o esquadro de sobrevivência.

Estavam lançadas as sementes do projeto existencial, norteado pelo engate entre lides manuais e intelectuais, exposto às intempéries e catástrofes, vividas como experimentos probatórios. O fracasso econômico não liquidou o desígnio de dar continuidade a esse estilo de vida alternativo, de criar do zero "um mundo completo e ordenado a sua medida".³ Em outubro de 1905, vende a propriedade no Chaco e passa a dividir o apartamento, em Buenos Aires, com Brignole, recém-doutorado na Europa. Era o começo do envolvimento na vida literária: frequenta os cafés e as reuniões nas casas de Lugones e de Gálvez; colabora em periódicos – *Caras y Caretas, El Hogar, Atlántida, Nosotros, Papel y Tinta*. O único livro dessa mexida, *El crimen del otro* (1904), enfeixa narrativas modernistas, calcadas em procedimentos e temáticas inspirados em Edgard Allan Poe.

Alfonsina Carolina Storni nasceu na localidade de Sala-Capriasca, na Suíça italiana, para onde a família havia se refugiado no intuito de curar a depressão e o alcoolismo do pai.⁴ Ela era a quarta filha, concebida apesar do estremecimento conjugal, em meio a sinais de derrocada material iminente no âmbito doméstico. Entre fins da década de 1870 e 1883, os irmãos Storni, procedentes de Gênova – por ordem de idade, Ángel, Pablo, Antonio e Alfonso, este último o progenitor da escritora –, tinham se estabelecido na cidade argentina de San Juan, a mais de mil quilômetros da capital, em província afastada cuja incorporação à ferrovia andina ocorreria apenas em 1885. Os Storni prosperaram depressa com os lucros auferidos em diversos negócios: fábricas de soda e de cerveja; construtora; mina de prata; serviços de intermediação financeira (usurários). Os irmãos mais velhos de Alfonsina nasceram nos anos de bonança familiar, por volta do biênio 1887-8; logo em seguida, a saúde abalada do pai motivara a temporada na cidade suíça de onde provinha o clã.

Alfonsina tinha quatro anos quando chegou à Argentina, em companhia da mãe, três anos após a volta do pai, que viera cuidar de sua parte na divisão do patrimônio. Embora tivesse recebido o feminino do nome paterno, no que decerto fora um gesto para fazer o pai recobrar ânimo, Alfonsina fora deixada com a mãe em situação de abandono. O falecimento do tio

Antonio (1895) havia desencadeado rixas em torno do inventário, numa altura em que os irmãos Storni estavam endividados pela compra de máquinas e imóveis. A crise econômica familiar se intensificou entre 1896 e 1900, ano em que os pais se mudaram para Rosario em busca de alento financeiro e respiro profissional. Na chegada, Alfonsina frequentou um colégio prestigioso de freiras, mas teve de interromper os estudos com a falência do pai. Só voltaria à escola sete anos depois.

Valendo-se do pouco que sobrara, o pai investe em empreitadas comerciais: um café próximo à estação ferroviária; outro botequim com boliche. Com dez anos, Alfonsina lavava pratos, servia as mesas, em situação de penúria e humilhação. Nada deu certo. A família passa a depender dos trabalhos esporádicos da mãe: aulas particulares, emprego operário, balconista. O pai se afunda em desespero. Desde mocinhas, Alfonsina e a irmã ajudam nas despesas como vendedoras em lojas de modas. A morte do pai (1906) encerra o ciclo de descenso sem bússola.

Passados dois anos, a mãe se casa com um contador ativo em Rosario, também imigrante de origem italiana. O aperto material acaba em despejo, a família se transfere para Santa Fé, onde a mãe reabre a escola com a ajuda de Alfonsina. Passara da condição de menina protegida à de prestadora de serviços. Havia perdido o pai, o prestígio familiar, o conforto, o acesso à educação; fora obrigada, de repente, a se improvisar como peça de reposição na divisão do trabalho doméstico. A penosa aprendizagem de desclassificação, de desmoralização, de destituição, será o insumo vibrante do trabalho poético.

Ao longo de 1908, desejosa de se livrar do confinamento familiar, Alfonsina se junta a uma companhia de teatro em giro pelas províncias. Após trabalhar como zeladora escolar, ela regressa a Rosario, em 1911, e retoma os estudos para a carreira docente na Escola Elementar. Nessa fase penosa de conclusão do curso normal, prestes a ingressar no mundo adulto,

Alfonsina se enamora de um homem casado, jornalista e político conhecido na cidade. Mesmo grávida, relegada, e sem desistir de ter o filho, ela viaja em definitivo para Buenos Aires, com apenas dezenove anos. Não tinha emprego nem relações, nenhum pecúlio, somente o diploma.

Ao contrário das privilegiadas contemporâneas de ofício – Delfina Bunge de Gálvez, Nydia Lamarque, Norah Lange, Victoria Ocampo –, a normalista interiorana tinha apenas a escolaridade adquirida com tropeços no curso normal. Era um trunfo modesto se comparado ao cabedal requintado das escritoras pertencentes à elite portenha, acostumadas a viagens ao exterior, fluentes em francês, cujas famílias cosmopolitas residiam na capital, protegidas pela parentela, pelo casamento e pela generosidade condescendente dos mentores letrados. O saldo dessa desigualdade era a injunção inarredável: Alfonsina tirava o sustento do trabalho intelectual.

Em fase de adaptação na capital do país, prestou diversos serviços: caixeira em farmácia e em loja de departamentos; datilógrafa e redatora de anúncios em importadora. Aos vinte e seis anos, assina uma coluna fixa na revista *La Nota*, divulga uma novela no semanário *Mundo Argentino* e, mais importante, faz a estreia poética, *La inquietud del rosal*.[5] Nos anos subsequentes, reparte o tempo entre o trabalho docente e a atividade literária. A recepção crítica favorável e o relativo sucesso de público da coletânea ampliaram o círculo de sociabilidade. Aproximou-se do grupo de letrados da revista *Nosotros* – onde divulga poemas –, do qual participavam alguns dos seus melhores amigos: Roberto Giusti, Alfredo Bianchi, Horacio Quiroga, Arturo Capdevilla, Manuel Gálvez, Fernández Moreno. Os livros seguintes – *El dulce daño* (1918),[6] *Irremediablemente...* (1919)[7] e *Languidez* (1920)[8] – foram publicados com chancela da Cooperativa Editorial Ltda. de Buenos Aires, da qual eram acionistas Gálvez, Quiroga, Benito Lynch e a própria Alfonsina, os três últimos como minoritários. Nessa altura, passa a frequentar as reuniões na residência-ateliê do jovem aquarelista Emilio Centurión, onde se reúnem artistas e escritores do que seria designado grupo Anaconda. Por seu intermédio, ela diversifica o rol de periódicos em que trabalha – *Caras y Caretas*, *Babel* – e assume coluna fixa no suplemento de artes e letras do diário *La Nación*.

Tais coordenadas permitem reconstruir o mercado de oportunidades que conecta esses letrados à indústria cultural nascente, universo de sociabilidade no interior do qual toma feição o trabalho literário e jornalístico de Alfonsina. Ela afia o repertório expressivo ao lidar, ao mesmo tempo, com formatos sui generis: versos rimados e melodiosos, para leitura dramática em recitais de declamação; crônicas em linguagem desempenada que abordam assuntos de interesse de um público bastante heterogêneo. A despeito do encaixe em tradições distintas, tais modalidades textuais dialogavam entre si, inclusive por conta da superposição de audiências.

Celebridades literárias

As colunas de Alfonsina Storni em *La Nota* e em *La Nación* abordam os tópicos candentes da agenda feminista da época e discutem os impasses então enfrentados pelas relações de gênero, no âmbito doméstico, no mundo do trabalho, na vida amorosa e no espaço político.[9] A força persuasiva de Alfonsina se apoia em materiais autobiográficos e no recurso contumaz aos faits divers, às manchetes do noticiário, à cobertura do cotidiano.

A revista *La Nota*, editada em Buenos Aires entre 1915 e 1921, era um periódico despretensioso de divulgação cultural, em que intelectuais de renome escreviam sobre literatura, política internacional, faziam escorços biográficos e inseriam poesias, contos e fragmentos de novelas prestes a sair em livro.[10] A revista, com certo viés semi-intelectual, teria surgido como resposta pacifista às pretensões expansionistas da Alemanha. Havia empenho em cultivar a conversa com o leitor, cujas cartas e artigos reativos a matérias publicadas encontravam espaço garantido.

Alfonsina foi convidada a colaborar na página de assuntos femininos, em coluna fixa intitulada "Feminidades" ou "Vida feminina", entre março e novembro de 1919. Antes disso, ela já se fazia presente com poemas, escritos em prosa e aforismos, mantidos em paralelo à coluna. O ano de 1919 assinalou inflexão importante do envolvimento de Alfonsina na cena cultural portenha. Ela havia publicado o terceiro livro de poemas, *Irremediablemente...*, de enorme impacto na crítica e na imprensa; continuava contribuindo em inúmeros periódicos; já se tornara autora premiada; circulava em panelas literárias e se ligara ao pessoal do Partido Socialista; dava recitais de poesia com regularidade. O convite para assumir a coluna, fazendo jus à remuneração, atestava o status já alcançado e lhe trazia segurança profissional e financeira.

As crônicas em *La Nota* reuniam textos em defesa da agenda feminista da época, escritos de feitio autobiográfico assinados por supostas leitoras e artigos anedóticos em torno de situações da vida cotidiana. Uma crônica instigante – "La carta ao Padre Eterno" – enseja insólita declaração de pertencimento. Alfonsina frisa a condição de mulher pobre e os efeitos disso sobre as perspectivas de vida, em meio a cortantes alusões a diferenças de classe. Lamenta a dificuldade em pronunciar línguas estrangeiras; se insurge contra doutrinas intelectuais justificadoras da pobreza; evidencia a proximidade entre as imagens suntuosas de Deus e a indumentária dos ricos; queixa-se de não possuir agasalhos adequados ao inverno.

Sustenta a defesa entusiástica e incondicional do programa feminista, buscando infundir veracidade ao texto pelo apelo à ironia, ao subentendido, ao lugar-comum que incomoda, ao clichê que converte um personagem ou uma cena em objeto de ridículo. Poder-se-á resumir o cerne temático dessa provocação ao exame sarcástico e por vezes cruel de estereótipos do ideal feminino. As crônicas alternam assuntos genéricos – o casamento, o adultério, o divórcio, nem sempre nessa ordem – a figurações de homens e mulheres no desempenho de papéis nessas modalidades de contrato: as noivas, os maridos, a mulher balofa, a esposa traída, suportes críveis de ilusão e decepção amorosa. A cronista se vale amiúde de aportes autobiográficos – a mãe solteira sem direitos legais, o filho desprovido de pensão paterna, a mulher repudiada pelos homens – de modo a salientar o tônus de verdade das tomadas de posição.

Entre abril de 1920 e julho de 1921, Alfonsina foi responsável pela coluna "Bocetos femininos" no jornal *La Nación*, um dos portentos da imprensa argentina.[11] Não se tratava de uma seção feminina integrada aos cadernos do jornal, mas de parte do suplemento dominical em página dupla consagrado à "mulher moderna". A colunista adotou o pseudônimo masculino Tao Lao, autor de um clássico da filosofia chinesa, cuja tradução em espanhol fora publicada em 1916, com sucesso retumbante junto à inteligência. Tal escolha configurou uma voz autoral apaziguada, o duplo do ancião oriental sem dogmatismo, narrador tolerante, magnânimo e isento de viés sexual. A rigor, por se tratar de personagem dotado de qualidades e inclinações bastante distintas das de Alfonsina, Tao Lao constitui de fato um heterônimo.

As crônicas veiculadas em *La Nación* atingiram um público feminino bem mais amplo e mereceram cuidados na modelagem discursiva de um locutor culto, desapegado das pulsões da carne. Afora o desígnio de conferir autoridade estrangeira à análise, de lhe instilar a aura de sabedoria associada a um repertório consagrado, vale a pena apreciar as vantagens da assunção de um duplo forasteiro, capaz de observar, com desprendimento e argúcia, a temática feminista em pauta. Sem a tinta politizada de antes, as crônicas empreendem a reconstrução ficcional de estereótipos femininos fortemente sexuados, qualificados por critérios de idade, de instrução e de renda, atuantes no mercado de trabalho portenho. Entenda-se a expressão "mercado de trabalho" no sentido amplo de espaço social em que mulheres negociam a existência em diferentes domínios de experiência – ocupacional, material, conjugal, espiritual.

Após abrir a série com a parábola em torno de "heroínas" destacadas em profissões improváveis, estatisticamente insignificantes, Alfonsina elabora a exegese bombástica da divisão do trabalho inerente à profissão de aquarelista em artigos de venda corrente – leques, postais, cartazes, caixinhas. A maioria dos textos se empenha em esboçar um ponto de vista inusitado sobre o trabalho feminino, ora mirando a excepcionalidade, ora a condição servil, ora fazendo graça das ocupações femininas padronizadas. A datilógrafa, a normalista e a costureira por conta própria são tipos manietados, confinadas em reboliços cotidianos que afligem o leitor como se fossem clausuras prisionais. A escritora discorre ainda sobre os afazeres das mulheres burguesas, dondocas vaidosas e consumistas, freguesas vespertinas nas lojas de departamentos, protagonistas do mundo refratário ao trabalho. No outro extremo da hierarquia, o agito das que batalham em profissões femininas majoritárias na classe trabalhadora – empregadas domésticas, professoras, telefonistas, enfermeiras, entre outras. O travo de classe é o toque endiabrado da cronista.

O material confessional aflora os tormentos que atazanam a escritora. O artigo "La mujer bella", por exemplo, gira em torno do embate entre corpo e alma, buscando valorar a dimensão espiritual da formosura. Nas palavras de Alfonsina, a mulher brindada pelos dotes do pensamento "há de ser senhor da vida, como terá sido alguma vez a beleza plástica, exterior, decorativa".[12] "Por qué las maestras se casan poco" deixa entrever a posição em falso em que Alfonsina se encontrava. Ciente das vantagens e do prestígio associado ao capital cultural amealhado por meio da escolaridade, ela designa como óbice incontornável ao casamento das professoras a insuperável dissonância de status. As mestras estariam prensadas entre os de baixo, cujos varões lhes parecem aquém de suas expectativas, e os de cima, os profissionais liberais, para os quais elas não cumprem os requisitos mínimos de renome familiar e patrimônio material. A origem imigrante da população argentina serve de mote a uma taxativa autopromoção étnica.

Entretanto, o rastreamento dos tópicos abordados acaba por evidenciar as razões estruturais das vicissitudes por que passava a mulher argentina. As novas relações de gênero e as transformações da condição feminina são referidas à crise da família e aos empecilhos à reprodução tradicional de papéis na divisão social e sexual do trabalho. Outras passagens frisam a influência crescente exercida pelas mídias florescentes na indústria cultural. O cinema ocupa lugar de destaque nesse imaginário ao exercer um formidável efeito-demonstração na difusão de estilos de consumo, de paradigmas atraentes de gênero, de representações e utopias de felicidade.

Horacio Quiroga equaciona em chave distinta o relacionamento profissional com a indústria cultural. Embora tivesse aprontado textos sob encomenda envolvendo extensa pauta de assuntos sugeridos pelos editores, o sustento provinha da escrita de contos, em ritmo acelerado, e dos ganhos auferidos em cargos públicos, primeiro na atividade docente, em seguida em funções burocráticas no corpo diplomático uruguaio. O quinhão herdado facultou a compra de propriedades e dos equipamentos indispensáveis à prática de seus hobbies – marceneiro, ceramista, apicultor, destilador, proprietário rural –, moldando o homem de mil talentos e habilidades que ele converteu em sujeito miraculoso de um projeto de redenção.[13]

Quiroga já havia publicado antes em revistas portenhas, mas somente após o retorno a Buenos Aires, em 1905, com o fracasso na região do Chaco, ele se lançou por inteiro na vida literária. Frequenta tertúlias semanais em casa de Lugones, o mentor da confraria que passaria a integrar como irmão maior;[14] inicia a colaboração em *Caras y Caretas* e, em seguida, em *El Hogar*, *Atlántida*, *Nosotros*, *Papel y Tinta*, bem como no jornal *La Nación*. Por intercessão de Lugones, é nomeado professor de língua e literatura castelhana numa escola normal da capital. Por um tempo, os contos e o trabalho docente lhe bastam como receita; continua solteiro e esperançoso de garfar recursos familiares para um segundo projeto de vida alternativa, enfurnado com a natureza.

Em 1906, com auxílio pecuniário materno, adquire uma propriedade perto de San Ignacio, em Misiones, onde constrói um galpão-oficina-laboratório e uma casa entre novembro de 1908 e fevereiro de 1909. No ano anterior, a novela *Historia de un amor turbio* saíra em livro, com o relato "Los perseguidos". Aos trinta e um anos, casa-se com uma ex-aluna da Escola Normal, adolescente de dezoito anos, e se embrenha na selva por muitos anos. A sogra e uma amiga devota acompanham o casal, fixando residência na vizinhança do escritor. A presença invasiva da sogra e o choque de expectativas entre um homem e uma mulher com experiências de vida tão díspares acirraram as brigas conjugais. A mística da vida selvagem não deve ter ajudado a aplacar as resistências da jovem esposa. Nesse período, Quiroga teve dois filhos,[15] continuou comprando terras com o fito de explorar erva-mate e viveu à custa de contos veiculados em revistas de ampla circulação.

A leitura da correspondência permite acompanhar sucessivos contratempos em múltiplas iniciativas produtivas e, nas entrelinhas, a contabilidade atenta dos rendimentos que lhe garantia a mídia impressa. O famoso conto "La gallina degollada", publicado a primeira vez em julho de 1909, aborda desentendimentos que decerto se assemelhavam ao desacerto conjugal que então tomava vulto. Os conflitos tiveram um desfecho em dezembro de 1914, quando a esposa se suicidou tomando sublimado.

No ano seguinte, Quiroga retorna a Buenos Aires e faz sucessivos gestos de reaproximação com o Uruguai: recupera a cidadania uruguaia, retoma a amizade com colegas de juventude e participa de eventos literários em Montevidéu. Valendo-se do apoio de um amigo de Salto, Baltasar Brum, agora ministro das Relações Exteriores, é designado para um cargo honorário no consulado uruguaio em Buenos Aires e promovido a cônsul de segunda classe em 1919. Continua assim equilibrando recursos entre o encosto burocrático e o rendimento pela literatura veiculada na mídia.

Datam desse tempo encontros decisivos para o futuro de suas pretensões literárias: a reaproximação com Lugones, o início da amizade com o jovem editor Samuel Glusberg[16] e o romance intermitente com Alfonsina Storni. A franquia concedida por Lugones encorajou Glusberg a adotá-lo como autor da casa, a exemplo do que faria em favor dos demais integrantes da confraria.[17] O namoro com Alfonsina reforçou os sentimentos de pertinência ao grupo Anaconda, espaço de respiro e afirmação de escritores e artistas que se viam esnobados pela vanguarda *martinfierrista*. Apesar dos catorze anos de diferença, Alfonsina terá sido talvez a única parceira amorosa capaz de enfrentá-lo como igual: eram adultos experientes e sofridos; exerciam o ofício intelectual; partilhavam o mesmo círculo de amizades; sentiam-se injustiçados pela geração vanguardista e careciam do reconhecimento a que faziam jus.

Entre 1917 e 1931, o período-chave de produtividade e de enaltecimento de sua personalidade autoral, Quiroga reside em Buenos Aires, em companhia dos filhos, em diversos domicílios, com interrupção eventual para férias esticadas em Misiones. Em 1917, por gestão de Manuel Gálvez, que acabara de criar a Cooperativa Editorial Buenos Aires, Horacio publica o primeiro grande sucesso de vendas, logo esgotado, *Cuentos de amor, de locura y de muerte*; em 1918, ainda sob a chancela de Gálvez, faz um experimento bem-sucedido em literatura infantil, *Cuentos de la selva para ninõs*. Firmava-se como escritor profissional, capaz de diversificar as frentes de investimento, atento aos novos gêneros, à dilatação do repertório de assuntos, aos moldes de relato e ao imaginário trazidos pelo cinema; demonstrava flexibilidade no manejo de temáticas e de linguagens, endereçadas a públicos variados. Tais lançamentos lhe abriram espaço na indústria de livros, na qual se estabeleceu pela mão do editor cujas exigências apuraram as marcas do estilo enxuto e provocativo.

A década de 1920 foi um período de comprovada fecundidade literária, como demonstram os oito títulos de Quiroga lançados pela editora Babel, de Glusberg: três obras em primeira edição, uma antologia e quatro reedições. O contista se torna colaborador habitual nas revistas mantidas pelo editor, *La Vida Literária* e *Babel*. Em novembro de 1926, sai um número especial desta última em sua homenagem.[18] O círculo de amigos, escritores e artistas, aprontara a apoteose comemorativa de um autor popular, cuja reputação se fizera fora das trincheiras da legitimidade vanguardista. Lugones, Quiroga, Alfonsina e Martínez Estrada haviam resistido às diretrizes ditadas por Borges e demais artífices da revista *Martín Fierro*. Logo adiante, no início dos anos 1930, a nata vanguardista estaria abrigada pelo condão prestigioso e endinheirado de Victoria Ocampo na revista *SUR*.

As cartas trocadas com amigos de juventude, desde o começo da carreira literária, registram os focos de negociação com os editores responsáveis pelas revistas em que colaborava: temáticas e gêneros preferidos, níveis de remuneração, tamanhos. Quiroga se mostra bastante atento às mudanças em curso no mercado de revistas que pudessem acolher e remunerar seus escritos; muitas vezes não hesita em intermediar a encomenda de ilustrações em favor de artistas amigos. No momento em que cuidava da edição do último livro em vida, *Más allá*,[19] faz um balanço de sua impressionante produção de contista, muito aquém dos 247 contos reunidos na edição das obras completas.[20] Juntando-se os artigos literários, as críticas de arte e de cinema, os textos e notas de jornal, a obra de Quiroga justifica o estrelato na indústria cultural.

Poética confessional

A voz poética de Alfonsina transita nos territórios explorados nas crônicas, mas faz soar um *cantabile* dramático ancorado em repertório pós-modernista, refinando procedimentos inspirados em Rubén Darío e epígonos. Os poemas, em especial nos cinco primeiros livros, derivam o tônus convincente, a tinta derramada, da tensão entre a linguagem antiquada, amaneirada, alambicada, preciosista – eivada de clichês e palavras incomuns, algo engessada –, e o alvoroço confessional da intimidade. É a mesma toada de perdas e desenganos que se presta à enunciação poética ou à escrita policiada das colunas na grande imprensa.

Ao iniciar a carreira literária, Alfonsina tinha vinte e quatro anos, era mãe solteira de um menino, vivia com a renda de seus trabalhos. Estava acossada, desde cedo, por carências materiais e afetivas que iriam modelar o perfil criativo. Em vista de tais circunstâncias, em meio ao acanhamento prevalecente na cena cultural portenha, Alfonsina cuidou de plasmar a voz em registros complementares: a jovem poetisa incendiada pela energia amorosa; a redatora feminista represada e capaz de escrutinar as prerrogativas de gênero. O estrondo em versos incidia sobre os recessos da pulsão erótica, fazendo da autora eco de constrições mortificantes e porta-voz de contingências incômodas: quase um joguete dos imponderáveis da vida ou um facho de desejo carnal.

Nessa fase em que Alfonsina se amolda à projeção das leitoras, a incandescência, o choque e o escândalo derivam de explosões de queixas e ressentimentos. Os poemas pungentes são devaneios descabelados de sensualidade, gritos lancinantes de deserção, confissões despudoradas que de pronto atiçam a cumplicidade do leitor. A dicção adquire o timbre de desnudamento cujo tempero consiste no idioma de compromisso, travado pela obediência a um batido cânone literário. Embora a crítica literária costume frisar a linguagem passadista como defeito estético, acredito que a insistência da autora em explorar esse suporte cediço logrou, pouco a pouco, converter o pedágio em recurso de estranhamento.

O livro de estreia inaugura o idioma da brancura, da transparência, da limpeza, no qual pululam cisnes, lírios, cristais, hóstias, círios, pombas, tules, que figuram o impasse da virgindade rota.[21] Seres imaculados povoam o cenário natural e íntimo movido pelos ritmos temporais, em cujos recessos se engastam estados d'alma. Flores, sonhos, perfumes, quimeras: tal é a avalanche de palavras emanadas do estro lírico certificado, léxico encantatório importado dos simbolistas franceses e dos mestres modernistas à la Rubén Darío. O figurino poético por vezes se descola do destape confessional desbragado. Os poemas emblemáticos da coletânea – a trinca "La loba", "La muerte de la loba" e "El hijo de la loba" – asseveram as escoras de vida da autora. Tratam de enunciar, com estardalhaço, a penúria de classe, a condição subalterna da mulher, o isolamento social, reclamos tanto mais convincentes por conta do revide à depreciação de si, dissimulada em soberba. Versos esparsos sobre o ofício poético sinalizam a couraça defensiva que por enquanto apenas se insinua; outros indiciam a reflexividade mórbida que irá tomar vulto adiante. Tão moça, descartada, não lhe parece valer a pena suportar a vida, sendo preferível dar cabo de tudo com um golpe de punhal.[22]

A coletânea seguinte, *El dulce daño* (1918), se abre com dois poemas de autocomiseração, qualificando o sentido do título como desespero e antevisão da morte. Em lugar do clamor ético, a linha de força consiste no derrame de confissões amorosas, oscilantes entre a decepção de praxe e o anseio pela saciedade, entre a tristeza pela ausência do parceiro e o ardor da paixão consumada. A palavra "dulce" e derivados tonalizam contrastes rascantes – "dulce tortura", "¿No sabes que la muerte es la dulzura [...]?" –, tal como prenuncia o título, ou então se emparelham como matiz de substantivos previsíveis. A figura feminina autoral adquire feições de insetos e de animais em escala que vai da fragilidade à ferocidade, das esvoaçantes abelhas e mariposas, tirando lascas do néctar, à fortaleza inexpugnável da leoa.

A tessitura poética esgarça o território feminino do branco, do translúcido, sem máculas – cera, linho, pérola, cristal, neve –, em contraposição ao negro masculino, à miragem da entrega, à volúpia da conquista. As cenas de amor têm lugar em meio à profusão de flores raras – madressilvas, açucenas, mirtos, acácias, papoulas, violetas –, com personagens cujos traços físicos evocam pedras preciosas – turquesas, rubis, esmeraldas. O amor teria o condão de garimpar beleza e perfeição no limbo.

A composição mais famosa do volume, "Tú me quieres blanca", faz culminar a cantilena de provocação erótica em que negociam a figura mirrada da pombinha, prestes a ser esmagada, e o homem negro aludido como orangotango.[23] A instigação erótica suscitada se nutre da entrega, submissão incondicional ao desvario de potência. A rendição logo reverte em cobrança, feita a um parceiro desejado, mas intratável. O pressentimento da morte ronda o poema em que a narradora se faz de Cleópatra;[24] adiante, há como que um prenúncio do suicídio no mar. São eloquentes os versos do poema "Supremo cortejo", acrescentado à reedição de 1920.[25]

Nos livros dessa fase, a voz lírica alardeia o ego refém de pulsões que não se consumam; tudo é frustração e engodo. Os versos transitam entre lampejos apaziguados de doçura, capaz de impregnar seres e paisagens, e quadros sombrios anunciadores da aniquilação. Os procedimentos de composição se prestam, sem dúvida, às pontuações rítmicas da poesia declamada. O apelo a refrãos, a estribilhos, à reiteração de palavras ou expressões idiomáticas em registro coloquial, a interjeições e interpelações, a circunlóquios, insinua um diálogo cifrado com o interlocutor amoroso no intento de fisgar a adesão do ouvinte ou leitor.

Os poemas marcantes do terceiro livro, como, por exemplo, "Hablo conmigo", cravam o ressentimento amoroso como mote irrecusável da mulher repudiada. Persiste aí a maciez feminina, a poetisa imersa em devaneios, que infunde aos topoi da natureza – a noite, a lua, a estrela, a tarde, o sol, o gelo, o mar – conteúdos derivados da linguagem de sentimentos íntimos, sem amarras de contexto. Eis o limite a que chega o rendimento expressivo da partitura amorosa sem travas reconhecíveis no ambiente em que ecoa.

Já no introito em prosa de *Languidez* (1920), Alfonsina abandona a poesia subjetiva para enxergar "o que está ao meu redor".[26] Trata-se de um livro de transição, no qual se mesclam versos sobre Buenos Aires, o rio da Prata, o subúrbio, sítios até agora ausentes, poemas de amor que contrastam o arrastão do desejo a estribos sociais. O poema "Languidez" aborda a relação com o filho, veio temático insistente no volume, como se a existência dele refreasse a lassidão do desejo materno. Poemas em série – "El clamor", "La que comprende", "Al hijo de un avaro" – extravasam os tumultos da mãe solteira, tornando palpável, no corpo do filho enjeitado, a herança dupla, a culpabilidade materna e o egoísmo do pai. Na letra do poema, o filho é mirado, de cabelos descoloridos, sem viço, pele macilenta, como se tamanha carga pudesse ser transtornada pela genitora rancorosa que clama a Deus para que o filho não seja mulher.

Desta feita, entretanto, o lirismo explora uma trilha autobiográfica original. Na composição "Carta lírica a otra mujer", Alfonsina empreende um mea culpa comovente ao contrastar seu contributo à desdita amorosa ao desafogo amargo desferido contra a concorrente. O reconhecimento dos atrativos físicos que não possui incita à tomada de consciência das razões objetivas que lhe fizeram perder a parada amorosa. A vingança frustra pelo verso é o respiro de revide à derrota, reconstruída com minúcias masoquistas: grito de amor traído, entoado com requintes de crueldade autodestrutiva. O veneno do desengano adquire feição de orgulho ferido, faz da necessidade virtude e exagera os contornos do ente autárquico. Outra vez afloram versos atestando o domínio do ofício, embora este jamais seja tratado em chave técnica ou como profissão de fé. A prática poética parece cumprir função vicária, cobra ânimo para compensar o desamor.[27] "Un cementerio que mira el mar" retoma a obsessão por imagens que vaticinam o suicídio por afogamento.[28] Nesse volume repleto de cantilenas melodiosas, "Monotonia" e "Un dia..." se assemelham a letras musicais a serem declamadas.[29]

Ocre (1925) é rebento privilegiado da maturidade. Em lugar do desajuste gritante, nos livros precedentes, entre a linguagem rebuscada, um tanto convencional, e a pegada da explosão confessional, parece ter sobrevindo o plasma entre dicção e experiência. Os poemas de amor desistem dos apelos chorosos de efeito e peitam o enfrentamento sem rebuços do amor carnal. Apesar do imenso sucesso de público, os escritos em prosa de *Poemas do amor* (1926)[30] são bastante decepcionantes, ainda mais se confrontados à linguagem enxuta e calibrada dos versos despudorados de *Ocre*. Como a própria autora sugere – "Escribo estas líneas como un médium, bajo el dictado de seres misteriosos que me revelaram los pensamientos"[31] –, aprontou um livro espírita no qual empreende um solilóquio com um parceiro que não se materializa.

Entre 1915 e 1925, Alfonsina se joga de cabeça na indústria de entretenimento. Redige relatos curtos, divulgados em periódicos de novelas, valendo a pena mencionar um par de narrativas sobre a traição amorosa: os desfechos consistem, respectivamente, no suicídio da adúltera e na morte da esposa traída. Em março de 1927, ocorre a estreia do primeiro texto teatral, com recepção crítica negativa.³² Alfonsina diversifica as frentes de produção literária – teatro adulto e infantil, crônicas, relatos ficcionais, diários de viagem –, participa com empenho em entidades corporativas de escritores e assume novos encargos docentes.

No verão de 1935, é diagnosticado um tumor no seio, logo extraído pelo mesmo cirurgião que em breve iria operar Quiroga. Nos três últimos anos de vida, a perda de amigos queridos, desaparecidos em circunstâncias trágicas, acirrou o desespero com o estado de saúde. Horacio Quiroga se suicidou com a ingestão de cianureto, em 1937, ao se dar conta de que o câncer de próstata era incurável. Em fevereiro de 1938, o poeta Leopoldo Lugones, a figura máxima da literatura argentina, se mata com arsênico e uísque; em setembro, Eglé, filha de Quiroga, estimada por Alfonsina, também se suicida. A sequência desses desastres afetou em cheio o que havia sobrado de alento.

Após nove anos de mutismo, Alfonsina publica a coletânea *Mundo de siete pozos* (1934),³³ onde enfrenta com desenvoltura e franqueza tópicos delicados da experiência amorosa. Deixa à mostra a atração física pelos homens, retomando, em chave inédita, dimensões "inconvenientes" de curiosidade na matéria. "Retrato de un muchacho que se llama Sigfrido" apela, já na estrofe inicial, a imagens fálicas explícitas, ao mapear as partes do corpo por movimentos alusivos.³⁴ "Ecuación" evoca os movimentos do coito que se consuma em lubricidade desenfreada.³⁵ "Uno" é o retrato de um desconhecido, que incendeia a artista, num disparo de fantasias que apalpam o corpo masculino.³⁶ Trata-se de um poema projetivo, em espaço de confrontação urbana, no qual a autora está mais em cena do que o objeto de seu desejo.

A despeito de alguns versos lacrimogêneos, de imagens pré-fabricadas, de alusões desgastadas, esparsos pelo volume, vibra, em surdina, a tramoia do desmanche. Esse andamento toma vulto por meio da obsessão pelo mar – território de abrigo, rota de fuga, espaço de convulsão, mastigação da vida. A ideia fixa de sumir na água, que veio à tona desde o livro de estreia, reponta aqui em cenas seriadas de aniquilamento. O segmento intitulado "Motivos de mar" abriga os eixos de condensação da tópica suicida. O corpo arrastado a lançar raízes na "carne do mar" parece haver esgotado a energia erótica e repousa em um sítio enlaçado por "flores de coral". O mar é apropriado como ataúde, remanso da solidão, envoltório nivelador da paisagem por inteiro. A tempestade assombra o barco dos homens; o mar e o céu se confundem na noite; o giro de luz do farol não resgata o "coração mortal"; o sono dos peixes costeia "o corpo frio horizontal".

Em 1938, é publicado o último livro de Alfonsina em vida, sob o título misterioso de *Mascarilla y trébol*,[37] em alusão velada à máscara mortuária recoberta pela vegetação do sepulcro. É uma coletânea de versos sem rima, ditados pelas circunstâncias do câncer, em linguagem um tanto hermética no entendimento dos críticos da época. No introito, a autora apela à colaboração do leitor para estes "antissonetos de postura literária", brotados "quase em estado de transe", redigidos em lugares públicos, em viagens, em noites de insônia. Correlaciona a "nova direção lírica" a "mudanças psíquicas fundamentais".[38]

A série de poemas sobre o rio da Prata reconstrói paisagens do rio em movimento, enoveladas a sentimentos obscuros, ora focalizando as águas no entorno urbano, ora acompanhando o andamento do rio em gradação de prestígio social. Mas a temática reiterada na obra lida de algum modo com a morte: o esvanecimento do ciclo de vida, as questões metafísicas da existência. O soneto "Sugestión de un sauce" explora, de modo sutil, o clima um tanto mórbido que perpassa o livro. A cena se passa no cemitério onde jaz a "criança morta que vai pensando sobre ramos de trevo": o musgo, a erva, o limo e o trevo são vegetações rasteiras que insinuam o terreno aplainado e a matéria orgânica que recobre a terra esparramada sobre as covas.³⁹ Os galhos chorões do salgueiro, árvore emblemática da morte, metaforizam a vida que está perdendo seiva. "El hijo" prossegue o trabalho de antecipar a morte ao enxergar as indefinições do feto – o sexo, o caráter – como notícia fúnebre precoce de quem nivela a gravidez à deformação profética do corpo. "Juventudes" registra os sinais contraditórios do que terá de ser.⁴⁰ Outros sonetos proclamam faíscas de vida no mundo do qual a autora está se sentindo apartada, posta de lado. Indagações obsessivas em torno da dificuldade em atinar por que alguém faz por merecer tais misérias. A progressão do livro como que atesta a ruptura dos vínculos entre a poetisa e o contexto, um grito de revolta no vácuo.⁴¹

Os poemas oscilam entre a febre de rendição à derrota iminente e o empenho em preservar trunfos pessoais, arreglo entre a voz e o silêncio. O mundo parece estar desabando, em meio a cenários alternativos às garras do desmanche.⁴² Mesmo os versos de condolência, endereçados ao pai ou a Quiroga, enredam de pronto a sobrevivente saudosa. O soneto assustador "El muerto huyente" contrasta o sol abrasador do meio-dia à decomposição do cadáver: o sol a pino é incapaz de sustar a geleira corporal.⁴³ Três poemas sobre a criação artística, no cinema e na música, esmiúçam as ilusões de vida suscitadas pelos truques do arranjo estético. O livro se fecha com poemas esquisitos que, a pretexto de divagar sobre a prática poética, resumem o mea culpa daquilo que de fato conta e de que a autora não quis abrir mão: o prazer sexual e a poesia.

Tintas do corpo e da alma

A iconografia de Alfonsina Storni evidencia as metamorfoses da figura social e intelectual. Assim como em outras dimensões de desempenho profissional, os retratos, desenhos e caricaturas como que esgarçam as feições predominantes da persona pública que ela mesma ajudou a converter em celebridade na indústria cultural. Eis os momentos-chave dessa imagética: o rostinho faceiro da moça sem arrimo, em voo solo, incógnita; a estampa elaborada da mulher feita, independente, senhora de si, juntando a profissional bem-sucedida aos dotes de dona de casa e de mãe extremosa; os traços etéreos da artista capaz de ombrear com a concorrência masculina.

O exame das imagens recupera a perspectiva integrada do trabalho da mídia e do manejo da cobertura promocional por parte da escritora. A imprensa estava empenhada em levar ao público a cena arrumada e coerente da mulher com nome próprio, cuja existência pessoal e literária fugia aos modelos convencionais de conduta. Alfonsina, por sua vez, impregna tais registros – em especial as fotos destinadas à mídia – de conotações conciliatórias que se desprendem de cenários, da gestualidade, da postura corporal, da indumentária, gestando um padrão recorrente de marcadores para consumo externo.

O conhecido retrato [p. 166] com vestido fechado de veludo escuro, o pescoço coberto pela gola alteada, os braços cruzados na frente, o rosto inclinado de leve, enfiado na roupa, os olhos espertos mirando a câmera, os cabelos arrebanhados para trás, exalta a jovem curiosa em meio ao turbilhão citadino.[44] É a estampa cuidada da moçoila-criança, adulta antes do tempo, um tanto retraída diante do mundo hostil. O recato, a disciplina e a reserva contornam a pose. Um close do rosto de Alfonsina, feito por Alberto Routín em 1916, em moldura oval, focaliza a beleza dos olhos, a cabeleira, o nariz petulante, o semblante compenetrado e atento.[45] Uma foto sugestiva de 1925 é o close da cabeça inclinada, os cabelos emaranhados com leveza, o sorriso prazeroso, contraindo a bochecha e os olhos, dentes brancos emoldurados pelo batom que cintila.[46] Retrato em preto e branco saturado de luzes nos cabelos e no rosto, como se a efígie da escritora baixinha emergisse com brilho do fundo branco, é obra de um profissional, que decerto escolheu a melhor pose da série em que instruiu a modelo a se sujeitar ao enquadramento.

Outra foto impressionante revela o quão maleável ela se prestava aos comandos do fotógrafo. Esse instantâneo rebuscado mostra a cabeça apoiada no braço esquerdo, estirado sobre a mesa, o braço direito com a mão espalmada diante do rosto.[47] A luz saturada aviva o cabelo, o tecido que recobre desde o ombro até a manga comprida alonga a mão, os dedos, incide de leve em pontos do rosto. A modelo parece repousar, em momento de entrega. Os traços de Alfonsina palpitam na penumbra, em contraste com a aura que a circunda.

Um registro de 1920[48] [p. 169] retrata a escritora sentada, de meio corpo, inclinada para a câmera que mira de frente, braços cruzados sobre o joelho, vestido escuro com pregas largas, manga comprida, gola clara rente ao cangote, os cabelos para trás, repartidos na testa, a fisionomia séria, absorta, imagem desglamorizada da jovem letrada em pose de madona. O ícone reduzido às feições básicas do rosto, a representação ideal da escritora nata. As fotos mencionadas comprovam o intento de construir sua imagem literária, como que congelando instantâneos na estampa de uma personalidade tão extravagante da época.

O flagrante misterioso da mão de Alfonsina segurando a pena sobre a folha de papel,[49] o pulso com manga recoberta de pluma, lembra a imagem poderosa e personalíssima da escritora francesa Colette, da qual foram feitos inúmeros registros na intimidade. Em foto tirada no final da vida, já doente, Alfonsina, de pé, um tanto contrafeita, tensa, cara amarrada, veste um penhoar escuro, gola e mangas com debrum em plumas, o figurino da mão escriba.

Outra leva de fotos foi tirada em casa por profissionais da imprensa para ilustrar reportagens a respeito de Alfonsina, nas revistas *Caras y Caretas*, *Mundo Argentino*, *El Hogar*, entre outras. O retrato no interior do apartamento [p. 168], no bairro Belgrano, na esquina das *calles* Cuba e Iberá, exibe a estampa retocada da intelectual fora de série, capaz de arrebanhar trunfos de todo tipo.[50] Alfonsina está de pé, de lado, o antebraço direito apoiado sobre a mureta da lareira, o dedo indicador esticado, a mão esquerda no bolso do vestido. Agasalhada com um cardigã desabotoado, ela usa sapatos estilo Guilhermina, de salto baixo, tira atravessada no tornozelo, o penteado caprichado, e está posicionada em espaço nobre da residência. A lareira-aquecedor ocupa o canto da sala, enquadrada por lambris de madeira e, no arremate, papel de parede estampado. O mobiliário pesado destoa da figura miúda da personagem. Chamam atenção o abajur art nouveau, o entalhe no espaldar da cadeira, o relevo floral na guarnição metálica da lareira. Ela parece à vontade no ambiente, bem trajada, cuidada, em pose voluntariosa. Um registro esclarecedor mostra Alfonsina em close, os cabelos à la *garçonne*, sorridente, comprimindo os olhos, dando a ver a falha entre os caninos na arcada superior.[51] É uma das raras fotos em que se pode enxergar esse traço, que confere ao semblante um ar matreiro e receptivo.

Também posou cozinhando em casa, de cabelo preso em trança, avental branco cintado, segurando a panela e mexendo a colher de pau, a cabeça inclinada, ao fundo a parede com azulejos claros.[52] Ou então, em 1928, encostada na quina do balcão de ferro de sua residência, a mão esquerda espalmada sobre a balaustrada, de vestido fechado e casaco de pele, com sapatos estilo Guilhermina de sua preferência, misto de reserva e esmero.[53] Em foto de 1930, Alfonsina está de pé, o cotovelo esquerdo apoiado no tampo da lareira de mármore com borda decorativa entalhado em pedra, em salão luxuoso, com lambris pintados de branco e apliques dourados, entalhes e painéis decorativos com vasos de flores, o piso com desenho geométrico em mármores coloridos.⁵⁴ A escritora enverga vestido estampado, de gola alta, mangas até o cotovelo, e sapatos de salto baixo novamente e em estilo Guilhermina. Com os cabelos repartidos e repuxados, ela aparece de batom, em postura reflexiva, olhando a câmera, o rosto refletido no espelho. Um pequeno vaso cloisonné sobre a lareira se interpõe entre as imagens. Nesse viés estereotipado da senhora elegante e refinada, se destaca a foto de corpo inteiro [p. 169], de frente, com sapatos de salto, de tailleur claro, o casaco com botões cruzados sobre a blusa de tecido sedoso e gola alta, um solidéu escuro no cabelo, maquiagem, os braços cruzados sobre a cintura, as mãos segurando luvas e uma trousse de festa.⁵⁵ Nessa imagem, datada por volta de 1924, ela está delgada, elegante, vestida com apuro, reverente aos ditames da moda e ao ideal burguês de compostura.

Existem testemunhos contraditórios sobre a imagem de Alfonsina ao vivo. Por vezes é descrita como feiosa, de baixa estatura, sem maiores atrativos como mulher; outros contemporâneos – por exemplo, a poetisa chilena Gabriela Mistral – enalteceram os predicados que a favoreciam. A pele rosada, os olhos azuis, de colorido cambiante, os cabelos ruivos com mechas prateadas, o nariz assertivo, empinado, são os traços restituídos naqueles retratos executados por artistas amigos. Tais feições coincidem com a imagem que ela tinha de si:

> Yo soy una criatura femenina de diecinueve años, monísima y gentil. Tengo, Señor, una cabellera rubia y ondulada que peino con donaire, dos manos blancas y finas, una figura encantadora y un alma buena; esto por sobre todas las cosas.⁵⁶

O desenho a bico de pena [p. 167],⁵⁷ de Emilio Centurión (1894--1970), executado por volta de 1922-3, apresenta Alfonsina com rosto oval, de traços incisivos, olhos intensos, cravados no espectador, sobrancelhas grossas arqueadas, testa larga, nariz saliente, lábios bem desenhados, com arremate dos cabelos puxados para trás. Embora não se possa enxergar aí a mulher formosa, o artista logrou inscrever no engate das feições, na liga do semblante, o estalo comovido da beleza de expressão. A despeito da testa contraída, das olheiras, do olhar assustado, da apreensão que perpassa a fisionomia, o desenho de Centurión condensou uma visada benfazeja de Alfonsina, um daqueles dias em que qualquer um de nós fica bonito. O desenho cancelou a falha nos dentes, a figura baixinha e a névoa de tristeza na mirada.

Sem contar as estampas póstumas do escritor, que acompanharam a lenta recuperação de prestígio de sua contribuição à literatura argentina,[58] a iconografia de Horacio Quiroga em vida se reparte entre fotos, caricaturas e desenhos executados por artistas amigos. As fotos de família do jovem Quiroga mostram um rosto cheio, imberbe, envergando a fatiota burguesa com gravata e colarinho branco; em flagrante com um grupo de praticantes de esgrima, Horacio aparece de bigode e farta cabeleira.[59] A foto de Quiroga dândi, sentado [p. 170], de calça clara listrada e casaco escuro, de gravata e colarinho alto, a perna esquerda cruzada no joelho, mãos enfiadas nos bolsos da calça, deve ter sido tirada na volta da viagem à Europa, quando ainda residia em Montevidéu.[60] A cabeleira, a barba e o bigode já definem a feição do semblante maduro no rosto do moço elegante, sem tapar os lábios. Em foto tirada pouco antes de se casar [p. 170], ele aparece de barba aparada, bigodes de pontas compridas, cabelos ondulados, de casaco escuro, gravata e colarinho engomado; já sobressaem nesse retrato as linhas marcantes do rosto apaixonado, a testa larga, o nariz imponente, os olhos fundos e perturbadores.[61] Daí em diante, o cromo esquemático do escritor inclui a barba crescida, os cabelos em desalinho e a luz prateada dos olhos verdes.

As fotos na selva revelam o homem compenetrado à la Robinson Crusoé, barbudo, abatido, suado, de calça e botas, o peito nu, esquálido, o relevo dos ossos empurrando a pele.[62] Físico de artesão, convicção de fanático, vocação de bruxo. Por vezes, comprimido entre o cabelo crescido e a barba cobrindo a boca, o rosto se resume ao retângulo côncavo de nariz, olhos e testa, com duas linhas fundas que sulcam a fisionomia.[63] Uma capa da revista *Claridad* estiliza os traços marcantes do escritor: os cabelos negros repartidos ao meio, a testa imensa, os olhos penetrantes realçados pela curva cheia das sobrancelhas, o bigode e a barba compondo um cavanhaque preto, repiques de luz no penteado e nos pelos.[64] Duas fotos em close, na mocidade e no último ano de vida, dão a ver os mesmos traços, mas pontuados pela idade: na juventude, o negrume dos cabelos, da barba e do bigode, conformando a moldura do sedutor; na maturidade, os fios brancos, esparsos no cabelo e tingindo metade do cavanhaque [p. 170].[65] O mais impressionante dessas imagens é a parecença fisionômica de Horacio com o pai, o qual também tinha cavanhaque e bigode volumosos, nariz pronunciado e olhos cativantes.[66]

Embora visto em reprodução precária, o desenho do artista Emilio Centurión restitui o rosto de Quiroga tal como descrito acima,[67] mas amaciando a mirada, infundindo ternura e compaixão ao olhar, esbatendo de leve o preto da barba e contrapondo o cabelo ondulado ao lado soturno da fisionomia onde mal se enxergam os lábios. Os olhos transmitem um misto de emoção e reserva, como que facultando ao escritor um fôlego de felicidade. O retoque da figura trai a veneração do artista pelo escritor, como se fosse possível sustar os efeitos do tempo.

Desfechos autorais

Em 1927, o cinquentão Quiroga casa-se com María Elena Bravo, moça de vinte anos, que conheceu na condição de amiga da filha Eglé. Quis deslanchar outra parceria amorosa estribada em assimetrias – de idade, de gênero, de experiência, de expectativas – que prenunciavam desde o início o embate conjugal. No ano seguinte, nasceu a filha, que recebeu o prenome materno. Em 1931, ele decidiu retornar a San Ignacio, sendo nomeado cônsul uruguaio naquele povoado; instala-se aí com a segunda família. Logo afloram sérias desavenças e a mulher retorna por um tempo a Buenos Aires.

Nos últimos anos de vida, com o trabalho ficcional em retração, a obra de maior interesse é a correspondência mantida com alguns amigos do peito, em especial Julio E. Payró e Ezequiel Martinez Estrada.[68] Uma enfiada de imprevistos e reveses amargura o período, e Quiroga se sente ameaçado pela impotência em mais de um sentido. O arranjo frágil do qual dependia começou a ruir com a perda da sinecura diplomática. A morte do protetor uruguaio levou à dispensa do cargo de cônsul. O apuro financeiro piorava devido ao insucesso das investidas econômicas – a venda de laranjas, a produção de erva-mate – e à baixa nos proventos ligados à imprensa. A tal desarranjo se juntaram o desgaste com a esposa e o desmonte do casamento de Eglé, culminando com a volta de ambas a Buenos Aires, em 1934 e 1935, respectivamente.

Em meio à maré de enguiços, surgem sintomas de problemas na próstata. As dificuldades na micção se misturam à ansiedade em torno da virilidade em risco. As missivas aos amigos estão repletas de registros dubitativos sobre ereção e ejaculação, como se ele quisesse preservar a potência sexual do comprometimento glandular. Em janeiro de 1936, após derradeira tentativa de reconciliação, a esposa e a filha regressam a Buenos Aires. Entrementes, os filhos do primeiro casamento continuam às turras com o pai. Em setembro de 1936, baldados os tratamentos que havia testado, Quiroga viaja a Buenos Aires para se operar. Alguns meses depois, apesar do silêncio a respeito, acaba por descobrir que tinha um câncer na próstata, em lugar da hipertrofia benigna a que se agarrara como diagnóstico. Quiroga dribla a vigilância no hospital onde estava internado, visita amigos, despede-se de Eglé, adquire cianureto na farmácia e se mata em 19 de fevereiro de 1937.

O profissionalismo de Alfonsina se faz sentir até os últimos dias de vida. Assim como procedera antes, ao conciliar o trabalho literário e a presença em recitais de declamação, ao estimular a feitura de reportagens na propaganda dos livros, ou então, ao intervir em outras frentes da cena cultural como colunista na imprensa ou autora dramática, ela jamais abriu mão da iniciativa na indústria cultural. Os cuidados dispensados à imagem pública dependeram de seu envolvimento, devendo-se entender tais atitudes como parte do domínio que aprendeu a exercer sobre diversas personas. A poetisa, a professora, a jornalista, a dramaturga, a declamadora, a dona de casa, a mãe solteira, a celebridade *self-made*, tais papéis se coadunavam e garantiam a autoridade cultural nas mídias do momento. A inteligibilidade de sua conduta ao dar andamento ao plano de se matar não destoa da sintonia com as expectativas do público e com o timing dos veículos em que atuava.

Desde setembro de 1938, diante dos sinais de piora ostensiva, ela começou a conceber a saída de cena como se fora o demiurgo de circunstâncias que ela provocaria e cujos efeitos de fato se fizeram sentir na cobertura do infausto evento pela imprensa da época. Entre 14 de janeiro e 1º de março de 1938, Alfonsina passa temporada no chalé da amiga María Sofía Kussrow,[69] em Colonia, no Uruguai, cujos fundos tocavam a margem do rio da Prata. Mais tarde, sem forças para continuar trabalhando e dando aulas, viaja de volta a Colonia em 13 de setembro, retornando à capital portenha no dia 26 do mesmo mês. A notícia do suicídio de Eglé Quiroga, filha de Horacio, moça linda de trinta anos, olhos azuis e cabelo ruivo como o de Alfonsina, se junta ao agravamento do câncer. Fechava-se o cerco de reveses. Imagina se proteger com novo retiro, desta vez buscando se hospedar na pensão de outra amiga; em 18 de outubro, toma o trem noturno para Mar del Plata, despedindo-se na estação do filho Alejandro, então com vinte e seis anos. Na antevéspera, *La Nación* havia publicado o poema de adeus, "Romancillo cantábile", decerto escrito na temporada anterior em Colonia, cujos versos finais douram a pílula.[70]

Dores pavorosas atestam o pior e Alfonsina toma providências que lhe parecem compulsórias: chama a criada e dita uma carta para o filho;[71] redige o poema derradeiro, "Voy a dormir",[72] e no sábado, dia 22, vai ao correio enviá-lo ao jornal, que recebeu o envelope na noite do dia 23. Por desígnio da autora, era o original de sua colaboração póstuma. O poema fora escrito com tinta vermelha, a mesma que usou no bilhete endereçado ao chefe de polícia: "Não culpem ninguém pela minha morte".[73] Perto da meia-noite do dia 23, pede socorro ao médico da cidade, que constata a metástase generalizada e lhe receita analgésicos na dose que ela quiser. No dia 25, terça-feira, sai de casa no início da madrugada e joga-se ao mar.

"Voy a dormir" chegara a tempo de sair ao pé do necrológio em *La Nación*, em 26 de outubro de 1938.[74] O corpo foi levado de trem a Buenos Aires, velado no Clube Argentino de Mulheres e enterrado no mausoléu da família Botana[75] no cemitério Chacarita. A foto do rosto de Alfonsina no caixão,[76] reproduzida em *El Diario*, exibe as feições vigorosas do semblante apaziguado, sem rastos de violência.

Notas

Introito [p. 9]

1. A respeito do comando exercido pela socialite argentina Elena Sansinena de Elizalde (1882-1970) na associação Amigos del Arte, em parceria com Victoria Ocampo, ver Verónica Meo Laos, *Vanguardia y renovación estética: Associación Amigos del Arte (1924-1942)*. Buenos Aires: Fundación Centro Integral Comunicación, Cultura y Sociedad – Ciccus, 2007.
2. Sergio Miceli, "La vanguardia argentina en la década de 1920 (notas sociológicas para un análisis con el Brasil modernista)", trad. de Ada Solari. In: *Prismas. Revista de historia intelectual*, n. 8, Quilmes, pp. 163-74, 2004.
3. Sergio Miceli, "Voz, sexo e abismo: Alfonsina Storni e Horacio Quiroga". In: *Novos Estudos Cebrap*, n. 93, pp. 83-113, nov. 2013.
4. Ver Sergio Miceli, "Vanguardias literarias y artísticas en el Brasil y en la Argentina: un ensayo comparativo". In: Carlos Altamirano (dir.), *Historia de los intelectuales en América Latina, vol. II. Los avatares de la "ciudad letrada" en el siglo XX*. Madrid/Buenos Aires: Katz Editores, 2010, pp. 490-511; "Avant-gardes littéraires en perspective comparée: Brésil et Argentine". In: Anna Boschetti (dir.), *L'espace culturel transnational*. Paris: Nouveau Monde Éditions, 2010, pp. 2897-312; "Vanguardas em retrocesso". In: Sergio Miceli, *Vanguardas em retrocesso. Ensaios de história social e intelectual do modernismo latino-americano*. São Paulo: Companhia das Letras, 2012, pp. 17-43.
5. Por conta da precariedade do acervo latino-americano de nossas bibliotecas, foi durante a temporada em Buenos Aires, no Centro de Documentación e Investigación de la Cultura de Izquierdas en la Argentina (Cedinci), que pude consultar a coleção completa da revista. Agradeço ao diretor Horacio Tarcus pela acolhida calorosa e ao conjunto dos pesquisadores e funcionários pelo acesso aos materiais de pesquisa bibliográfica. Horacio me convidou a participar do II Congreso de Historia Intelectual de América Latina, em torno da temática "La biografia colectiva en la historia intelectual latino--americana", em novembro de 2014, em Buenos Aires. Tive aí a oportunidade de apresentar os resultados iniciais da pesquisa em andamento, em

conferência intitulada "La intelectualidad extranjerizada de *SUR*", treze laudas que prenunciavam as linhas de força do estudo ora publicado.
6. Trata-se do projeto temático "Formação do campo intelectual e da indústria cultural no Brasil contemporâneo", entre 2009 e 2013, com apoio institucional e financeiro da Fundação de Amparo à Pesquisa do Estado de São Paulo (Fapesp), sob minha coordenação. O foco substantivo consistiu no desvelamento das conexões entre surtos renovadores da produção cultural erudita nos domínios da literatura e das ciências sociais e a expansão fenomenal de setores dinâmicos da indústria cultural em sucessivas conjunturas do Brasil contemporâneo, pelo realce dos fluxos de linguagens, de ideias, de modelos expressivos, de obras e autores, entre os diversos nichos do gradiente entre "baixa" e "alta" cultura. Os resultados desse projeto podem ser consultados em Sergio Miceli e Heloisa Pontes (orgs.), *Cultura e sociedade: Brasil e Argentina* (São Paulo: Edusp, 2014).

A vanguarda argentina na década de 1920 [p. 19]

1. Roberto González Echevarría e Henrique Pupo-Walker (eds.), *The Cambridge History of Latin American Literature*, 3 vols. Nova York, 1996; Graciela Montaldo (comp.), *Historia social de la literatura argentina*. Buenos Aires: Contrapunto, 1989; María Teresa Gramuglio (org.), *El imperio realista*, vol. VI da *Historia crítica de la literatura argentina*. Buenos Aires: Emecé, 2002; "Historias de la literatura argentina: pasión y deseos". In: *Punto de vista*, XIII, 36, Buenos Aires, dez. 1989; Adolfo Prieto, *Estudios de literatura argentina*. Buenos Aires: Galeria, 1969; *El discurso criollista en la formación de la Argentina moderna*. Buenos Aires: Sudamericana, 1988; "*El martinfierrismo*". In: *Conocimiento de la Argentina, estudios literarios reunidos*. Rosario: Editorial Municipal de Rosario, 2015, pp.372-96; José Luis Romero, *El desarollo de las ideas en la Argentina des siglo XX*. México: Fondo de Cultura Económica, 1965; Angel Rama, *Los poetas modernistas en el mercado económico*. Montevideo: Universidad de la República, 1968; *Rubén Darío y el modernismo (Circunstancia socioeconómica de un arte americano)*. Caracas: EBUC, 1970; David Viñas, *Literatura argentina y política II, de Lugones a Walsh*. Buenos Aires: Editorial Sudamericana, 1996; Jean Franco, *The modern culture of Latin America: society and the artist*. Londres: Pall Mall P., 1967; Carlos Altamirano e Beatriz Sarlo, *Ensayos argentinos: de Sarmiento a la vanguardia*. Buenos Aires: Ariel, 1997; Noé Jitrik, *Leopoldo Lugones mito nacional*. Buenos Aires: Palestra, 1960; Leopoldo Lugones, *Obras poéticas completas*. Madri: Aguilar, 1959; James Scobie, *Buenos Aires. Del centro a los barrios: 1870-1910*. Buenos Aires: Solar/Hachette, 1977.

2. Beatriz Sarlo, *Una modernidad periférica: Buenos Aires, 1920 y 1930*. Buenos Aires: Ediciones Nueva Visión, 1988; *El imperio de los sentimientos: narraciones de circulación periódica en la Argentina, 1917-1927*. Buenos Aires: Catálogos Editora, 1985; Jorge F. Liernur e Graciela Silvestrin, *El umbral de la metrópolis: transformaciones técnicas y cultura en la modernización de Buenos Aires (1870-1930)*. Buenos Aires: Sudamericana, 1993.
3. Alicia Reyes, *Genio y figura de Alfonso Reyes*. Buenos Aires: Eudeba, 1976; Eduardo Robledo Rincón (coord.), *Alfonso Reyes en la Argentina*. Buenos Aires: Eudeba, 1998; Amelia Barili, *Jorge Luis Borges y Alfonso Reyes: la cuestión de la identidad del escritor latinoamericano*, prólogo de Elena Poniatowska. México: Fondo de Cultura Económica, 1999; Emilia de Zuleta, *Guillermo de Torre*. Buenos Aires: Ediciones Culturales Argentinas, 1962; Rafael Alberto Arrieta, *La literatura argentina y sus vínculos con España*. Buenos Aires: Editorial Uruguay, 1957; *Relaciones literarias entre España y la Argentina*, 1983; Francis Korn, Susana Magarza, Lidia de la Torre e Carlos Escude, *Buenos Aires: los huéspedes del 20*. Buenos Aires: Editorial Sudamericana, 1974.
4. Amelia Barili, op. cit.; Pedro Henríquez Ureña e Alfonso Reyes, *Epistolario íntimo*, vol. III (1906-1946), comp. de Juan Carlos Jacobo de Lara. Santo Domingo: Universidad Nacional Pedro Henriquez Ureña, 1983; Valery Larbaud e Alfonso Reyes, *Correspondance 1923-1952*, trad. e notas de Paulette Patout. Paris: Didier, 1972; Paulette Patout, *Alfonso Reyes et la France (1889-1959)*. Paris: Klincksieck, 1978. Manoelita Mota de Reyes, esposa de Alfonso, foi aluna de pintura de Portinari, que a retratou em 1936: *Retrato de Manoelita Mota de Reyes*, óleo sobre madeira, 20,7 × 17 cm, para cuja composição foi feito um excepcional esboço, *Manoelita Mota de Reyes*, estudo para pintura, desenho a grafite sobre papel, 20 × 16 cm, 1936.
5. Beatriz de Nobile, *Palabras con Norah Lange*. Buenos Aires: Carlos Pérez Editor, 1968; Norah Lange, *Cuadernos de infancia*. Buenos Aires: Domingo Viau, 1937.
6. Carlos Alberto Andreola, *Alfonsina Storni, vida-talento-soledad*. Buenos Aires: Editorial Plus Ultra, 1976; Conrado Nalé Roxlo, *Genio y figura de Alfonsina Storni*. Buenos Aires: Editorial Universitaria de Buenos Aires, 1964.
7. Norah Lange, *La calle de la tarde*, prefácio de Jorge Luis Borges. Buenos Aires: Samet Librero-Editor, 1925. Norah e Jorge Luis Borges eram primos de Guillermo Juan Borges, filho de uma irmã da mãe de Norah.
8. Jorge Luis Borges, *El idioma de los argentinos*, vinhetas de Xul-Solar. Buenos Aires: M. Gleizer Editor, 1928.
9. Ver os três livros de versos dos anos 1920: Jorge Luis Borges, *Fervor de Buenos Aires*. Buenos Aires: Imprenta Serantes, 1923; *Luna de Enfrente*. Buenos Aires: Editorial Proa, 1925; *Cuaderno San Martín*. Coleção

Cuadernos del Plata, II. Buenos Aires: Editorial Proa, 1929; e os dois outros de ensaios, *Inquisiciones*. Buenos Aires: Editorial Proa, 1925; *El tamaño de mi speranza*. Buenos Aires: Editorial Proa, 1926. Consultar ainda as novelas de Ricardo Güiraldes: *Raucho: momentos de una juventud contemporánea*. Buenos Aires: Imprenta de José Tragart/Librería La Facultad, 1917; *Rosaura, un idílio de estación*, publicada em 1918 no semanário *El cuento ilustrado* e republicada em livro por Francisco Colombo, San Antonio de Areco, 1923; *Xamaica*. Buenos Aires: Editorial Proa, 1924; *Don Segundo Sombra*. Buenos Aires: Editorial Proa, 1926.

10. Ricardo e Adelina pertenciam a famílias de estancieiros abastados e cultivados, os quais juntavam o desempenho de funções públicas prestigiosas ao colecionismo requintado de artes plásticas, em meio a um estilo de vida ritmado por uma agenda de atividades dispendiosas (viagens ao exterior em navios de luxo, temporadas na Europa, cruzeiros pelas capitais latino-americanas etc.).

11. Numa época de proliferação de diários, matutinos e vespertinos, marcada pelo surgimento de *Crítica* em 1913 e de *El Mundo* em 1928, continuaram existindo os jornais tradicionais (*La Nación*, *La Prensa*), os órgãos a serviço da Igreja católica (*El Pueblo*), os veículos da imprensa liberal (*El Diário*) e operária (*La Protesta* etc.).

12. Consultar Roberto Tálice, *100.000 ejemplares por hora, memórias de un redactor de Crítica, el diário de Botana*. Buenos Aires: Biblioteca de Buenos Aires/Ediciones Corregidor, 1977; Helvio Botana, *Memórias, trás los dientes del perro*. Buenos Aires: Peña Lillo Editor S.A., 1977.

13. *Martín Fierro*, reeditada entre 1924 e 1927 aos cuidados de Evar Méndez, congregava os jovens poetas de vanguarda que publicaram aí seus textos renovadores do período radical. Divulgou o primeiro manifesto da geração vanguardista. *Nosotros*, editada entre 1907 e 1943, responsável pela cobertura da atividade literária, constituía uma instância relevante de legitimação intelectual. Publicou o manifesto "ultraísta" de Borges (1921) e uma antologia dos jovens poetas (1922), além de ter realizado um inquérito junto às novas gerações literárias (1923).

A inteligência estrangeirada de SUR [p. 38]

1. A obra clássica de referência é o estudo de John King, *SUR, estudio de la revista argentina y de su papel en el desarollo de una cultura, 1931-1970*. México: Fondo de Cultura Económica, 1989 (1ª. ed. em inglês: Cambridge, Cambridge University Press, 1986). A tendência detratora avulta no libelo de Blas Matamoro, *Oligarquía y literatura*. Buenos Aires: Ediciones del Sol,

1975, enquanto a reverência apologética guia Oscar Hermes Villordo, *El grupo SUR. Una biografía colectiva*. Buenos Aires: Planeta, 1993. Consultar ainda Sergio Provenzano e Fernando Alonso, *Las revistas literárias argentinas, 1893-1967*. Buenos Aires: Centro Editor de América Latina, 1968; Beatriz Sarlo, *Una modernidade periférica: Buenos Aires 1920-1930*. Buenos Aires: Nueva Visión, 1988; Nora Pasternac, *SUR, una revista en la tormenta. Los años de formación 1931-1944*. Buenos Aires: Paradiso, 2002; Rosalie Sitman, *Victoria Ocampo y SUR entre Europa y América*. Buenos Aires: Ediciones Lumiere, 2003; Patricia Wilson, *La constelación del Sur. Traductores y traducciones en la literatura argentina del siglo XX*. Buenos Aires: Siglo Veintiuno, 2004; Judith Podlubne, *Escritores de SUR, los inicios literários de José Bianco y Silvina Ocampo*. Rosario: Beatriz Viterbo Editora/Universidad Nacional de Rosario, 2011. Eis os principais textos de María Teresa Gramuglio: "Sur: constitución del grupo y proyecto cultural". In: *Punto de Vista*, n. 17, pp. 7-9, abr.-jul. 1983; "*SUR* en la década del treinta: una revista política". In: *Punto de Vista*, n. 28, pp. 33-9, nov. 1986; "Bioy, Borges y *SUR*. Diálogos y duelos". In: *Punto de Vista*, n. 34, pp. 11-6, jul.-set. 1989; "*SUR* en los años cuarenta, políticas de la literatura". In: María Teresa Gramuglio, *Nacionalismo y cosmopolitismo en la literatura argentina*. Rosario: Editorial Municipal de Rosario, 2013, pp. 298-310; "Las minorías y la defensa de la cultura: proyecciones de un tópico de la crítica literária inglesa en *SUR*". In: *Boletín 7 del Centro de Estudios de Teoría y Crítica Literaria de la Facultad de Humanidades y Artes (UNR)*, 1999, pp. 71-7, republicado em M. T. Gramuglio, op. cit., 2013, pp. 311-8; "*SUR*. Una minoría cosmopolita en la periferia occidental". In: Carlos Altamirano (org.), *Historia de los intelectuales en América Latina*. Buenos Aires: Katz Editores, 2010, pp. 192-210, republicado em M. T. Gramuglio, op. cit., 2013, pp. 319-33.

2. Sobre a história argentina nas décadas de 1920 e de 1930, consultar Tulio Halperin Donghi, *Vida y muerte de la República verdadera (1910-1930)*, vol. IV, Biblioteca del Pensamiento Argentino. Buenos Aires: Ariel, 1999 (2ª ed.: 2005), em especial o estudo preliminar (pp. 19-272), em que Dongui reconstrói os embates entre os grupos sociais e seus representantes políticos no Parlamento, nas entidades patronais, nos sindicatos e no movimento operário, no Exército e na Igreja católica, ao que se segue a coletanea de documentos de autoria de intelectuais, jornalistas, líderes empresariais, políticos, lideranças militares e eclesiásticas. A edição de 2007 (Buenos Aires: Emecé Editores) inclui o anexo documental em CD; *La República imposible (1930-1945)*. Buenos Aires: Emecé, 2007, anexo documental em CD; *Argentina en el callejón*. Buenos Aires: Ariel, 2006 (1ª ed.: Montevidéu: Arca, 1964); *La larga agonia de la Argentina peronista*. Buenos Aires: Ariel, 1998 (1ª ed.: 1994); *El revisionismo histórico*

argentino como visión decadentista de la historia nacional. Buenos Aires: Siglo XXI, 2005; *La Argentina y la tormenta del mundo, ideas e ideologias entre 1930 y 1945*. Buenos Aires: Siglo XXI, 2003; Carlos Altamirano, *Bajo el signo de las masas (1943-1973)*. Buenos Aires: Planeta, 2001; Beatriz Sarlo, com a colaboração de Carlos Altamirano, *La batalla de las ideas (1943-1973)*. Biblioteca del Pensamiento Argentino. Vol. VII. Buenos Aires: Emecé, 2007, com anexo documental em CD; Alejandro Cattaruzza, *Historia de la Argentina, 1916-1955*. Buenos Aires: Siglo XXI, 2012 (1ª ed.: 2009); María Dolores Béjar, *El régimen fraudulento, la política en la província de Buenos Aires, 1930-1943*. Buenos Aires: Siglo XXI, 2005; Leandro Losada, *Historia de las elites en la Argentina, desde la conquista hasta el surgimiento del peronismo*. Buenos Aires: Editorial Sudamericana, 2009; Oscar Terán, *Historia de las ideas en la Argentina, diez lecciones iniciales, 1810-1980*. Buenos Aires: Siglo XXI, 2008; Miguel Murmis e Juan Carlos Portantiero, *Estudios sobre los orígenes del peronismo*, ed. definitiva. Buenos Aires: Siglo XXI, 2012 (1ª ed.: 1971); Federico Neiburg, *Los intelectuales y la invención del peronismo*. Buenos Aires: Alianza, 1998; Flavia Fiorucci, *Intelectuales y peronismo, 1945-1955*. Buenos Aires: Biblos, 2011.

3.   A Associação Amigos del Arte (AAA) era a entidade cultural privada mais bem-sucedida do período, ligada à comunidade artística, aos críticos de arte e aos colecionadores particulares. A gestão das atividades na *calle* Florida estava a cargo de senhoras da elite portenha. Os salões da entidade abrigavam conferências, debates, exposições, espetáculos de teatro experimental, de jazz, de tango, de música erudita e exibição de filmes. A Associação também publicou catálogos, antologias e livros de luxo. Dentre as quinhentas exposições realizadas entre 1924 e 1942, vinte e cinco exibiram obras de coleções privadas. Ver Marcelo E. Pacheco, *Colecionismo de arte en Buenos Aires, 1924-1942. Modelos de lo nacional y lo cosmopolita, de lo tradicional y lo moderno*. Buenos Aires: El Ateneo, 2013; Patricia Artundo e Marcelo Pacheco (eds.), *Amigos del Arte 1924-1942*. Catálogo. Buenos Aires: Fundación Costantini, 2008.

4.   Carlos Ibarguren, *La inquietud de esta hora. Liberalismo, corporativismo, nacionalismo*. Buenos Aires: La Facultad, 1934; *La historia que he vivido*. 3ª ed. Buenos Aires: Ediciones Dictio, 1977 (1ª. ed.: 1955); Manuel Gálvez, *Este pueblo necessita....* Buenos Aires: García Santos, 1934; *Recuerdos de la vida literária (I). Amigos y maestros de mi juventud* (1ª. ed.: 1944), *En el mundo de los seres fictícios* (1ª. ed.: 1961). Estudo preliminar de Beatriz Sarlo. Buenos Aires: Taurus, 2002; *Recuerdos de la vida literária (II). Entre la novela y la historia* (1ª. ed.: 1962), *En el mundo de los seres reales* (1ª. ed.: 1965). Estudo preliminar de Beatriz Sarlo. Buenos Aires: Taurus, 2003; sobre a origem social de Gálvez, ver Sergio Miceli, "El nacionalismo cultural del joven

Borges". In: *Ensayos porteños: Borges, el nacionalismo y las vanguardias*. Bernal: Universidad Nacional de Quilmes, 2012, pp. 67-76. Julio Irazusta e Rodolfo Irazusta, *La Argentina y el imperialismo británico. Los eslabones de una cadena*. Buenos Aires: Tor, 1934; Julio Irazusta, *Ensayo sobre Rosas y la suma del poder en su centenário (1835-1935)*. Buenos Aires: Tor, 1935; *Memorias (Historia de un historiador a la fuerza)*. Buenos Aires: Ediciones Culturales Argentinas/Ministerio de Cultura y Educación, 1975.

5. Ricardo Rojas, *Archipiélago (Tierra del Fuego)*. Buenos Aires: Editorial Losada, 1947, redigido em Ushuaia, na Terra do Fogo, nos meses em que esteve aí confinado como preso político, em 1934, e divulgado antes nos suplementos dominicais de *La Nación*, entre agosto de 1941 e janeiro de 1942.

6. O primeiro número de *Lettres Françaises*, réplica trimestral do padrão editorial de SUR, inclui artigo de Gide (ver SUR, n. 81), poemas de Supervielle, trecho de novela de André Malraux, a conferência de Victoria Ocampo no Club Francês de Buenos Aires, "Racine y Mademoiselle", preito de amor e fidelidade à França, o artigo "Pour une esthétique sévère", de Caillois, diretor da revista, e as seções "Textes à relire" e "Revue des Revues".

7. Raymond Williams, "The Bloomsbury Fraction". In: *Problems in materialism and culture*. Londres: Verso, 1982, pp. 148-69.

8. Os escritos memorialísticos de Victoria Ocampo reúnem os seis volumes da *Autobiografía* (Buenos Aires: Editorial SUR, 1979-1984), os vários tomos de *Testimonios*. Madri: Revista de Occidente, 1935; segunda série, Buenos Aires: Editorial SUR, 1941; terceira série, Buenos Aires: Sudamericana, 1950; *Soledad sonora*. Buenos Aires: Sudamericana, 1950; quinta série, Buenos Aires: Editorial SUR, 1957; sexta série, Buenos Aires: Editorial SUR, 1963; sétima série, Buenos Aires: Editorial SUR, 1967; oitava série, Buenos Aires: Editorial SUR, 1971; nona série, Buenos Aires: Editorial SUR, 1975, décima série, Buenos Aires: Editorial SUR, 1977, além dos volumes de correspondência: *Cartas a Angélica y otros*, ed., prólogo e notas de Eduardo Paz Leston. Buenos Aires: Sudamericana, 1997; Roger Caillois; Victoria Ocampo. *Correspondance*, ed. de Odile Felgine em colaboração com Laura Ayerza de Castillo. Paris: Stock, 1997. Entre as biografias, consultar Doris Meyer, *Victoria Ocampo, against the wind and the tide*, com seleta de ensaios. Austin: University of Texas Press, 1990 (1ª. ed.: 1979; 1ª. ed. em espanhol: Sudamericana, 1981), Blas Matamoro, *Genio y figura de Victoria Ocampo*. Buenos Aires: Eudeba, 1986; Laura Ayerza de Castillo e Odile Felgine, *Victoria Ocampo. Intimidades de una visionaria*. Buenos Aires: Sudamericana, 1992. Destoante do tratamento apologético predominante é o ensaio de Beatriz Sarlo, "Victoria Ocampo o el amor por la cita". In: *La máquina cultural. Maestras, traductores y vanguardistas*. Buenos Aires: Ariel, 1998, pp. 93-194, lastreado em cartas inéditas doadas à biblioteca da Universidade

de Princeton. Vale a pena consultar os escritos de colaboradores próximos de Victoria na equipe responsável pela revista: Frida Schultz de Mantovani, *Victoria Ocampo*. Buenos Aires: Ediciones Culturales Argentinas, 1963; José Bianco, "Victoria". In: *Ficción y reflexión, una antologia de sus textos*. Página preliminar de Jorge Luis Borges. México: Fondo de Cultura Económica, 1988, pp. 232-6 (1ª ed.: 1981); "Sur", ed. cit., pp. 322-3 (1ª ed.: 1976); Maria Rosa Oliver, *La vida cotidiana*. Buenos Aires: Sudamericana, 1969.

9. Ver "Alfredo González Garaño, actualidad de lo criollo". In: Marcelo Pacheco, op. cit., pp. 198-204. Os dicionários biográficos e demais fontes biobibliográficas estão listados na nota 25, op. cit., p. 43.

10. Sobre a linhagem dos Ayerza, ver Vicente Osvaldo Cutolo, *Nuevo dicionário biográfico argentino (1750-1930)*. Primeiro tomo, A-B. Buenos Aires: Editorial Elche, 1968, verbetes às pp. 277-9.

11. Sobre as coleções de arte de Celina e Alejo González Garaño, ver Marcelo Pacheco, op. cit., pp. 161-6.

12. "Oliverio Girondo, desilusiones de lo europeo". In: Marcelo Pacheco, op. cit., pp. 205-7. Laura Girondo Uriburu de Paulin (1885-1936), irmã de Oliverio, adquiriu para sua suntuosa residência peças de mobiliário espanhol, talhas de madeira coloniais e obras antigas mexicanas, fazendo coexistir a postura hispanicista encorajada pelo Centenário e a originalidade do passado *criollo*.

13. Entre os antepassados com forte gravitação na vida política argentina, estão o general Juan Antonio Álvarez de Arenales, herói da independência; José Evaristo Uriburu (1831-1914), senador, vice-presidente e presidente da República; o general José Félix Uriburu, que liderou o golpe de Estado em 1930 contra Yrigoyen.

14. *SUR*, n. 10, jul. 1935.

15. Sobre a coleção de Enrique Eliseo, ver Marcelo Pacheco, op. cit., pp. 44-5.

16. Sobre a coleção de livros de Eduardo, ver Marcelo Pacheco, op. cit., pp. 271-2. Enrique e Eduardo eram primos de Rafael Bullrich (1877-1944), médico cardiologista e ativo colecionador de arte entre 1921 e 1944, tendo adquirido trabalhos de mestres antigos, de pintores modernos, arte argentina, estampas japonesas, desenhos e gravuras do século XIX, como preconizava o cosmopolitismo eclético. Ver "Rafael Bullrich, un extemporáneo". In: Marcelo Pacheco, op. cit., pp. 208-12.

17. Supervielle é destaque do número inaugural de *SUR*: "Notas de viaje a Ouro Preto", *SUR*, n. 1, dez.-mar. 1931, impressões de viagem ao Brasil; ele é o destinatário de carta inédita de Ricardo Güiraldes, "De un epistolario"; seu livro *L'enfant de la haute mer* foi resenhado por Guillermo de Torre, "Misterios poéticos". Outros escritos de Jules Supervielle: "Poemas", *SUR*, n. 4, set.-dez. 1931, em versões de Rafael Alberti; "Poemas", *SUR*, n. 23,

ago. 1936, a contribuição ao número promocional do Congresso Internacional de Escritores do PEN Club, cujo comitê organizador era encabeçado por Victoria Ocampo; em colaboração com Henri Michaux, "El porvenir de la poesía", *SUR*, n. 24, set. 1936, pp. 80-7; "Un potentado de este mundo", *SUR*, n. 39, dez. 1937, pp. 38-42; "El Minotauro", *Sur*, n. 54, mar. 1939, pp. 7-16; "1940", *SUR*, n. 75, dez. 1940, pp. 48-51, número comemorativo do aniversário de dez anos. Ver ainda: Robert Weibel-Richard, "Dos altos representantes del espíritu francés: Jules Romains – Jules Supervielle", *SUR*, n. 23, ago. 1936, homenagem a dois integrantes da delegação francesa ao Congresso do PEN Clube; Tomás Garcés, "Supervielle en classe", *SUR*, n. 41, fev. 1938, pp. 67-70.

18. Ilustrações de murais do mexicano Roberto Montenegro e do brasileiro Di Cavalcanti, de fotos do etnógrafo Alfred Métraux, de Horacio Copola, de Manuel Álvarez Bravo, entre outros.

19. Le Corbusier mereceu encômio no número inaugural de *SUR*: Alberto Prebisch, "Precisiones de Le Corbusier", *SUR*, n. 1, dez.-mar. 1931, resumo das dez conferências pronunciadas pelo arquiteto em Buenos Aires, com patrocínio dos Amigos del Arte. Ver Le Corbusier, "El espíritu de Sudamérica", *SUR*, n. 12, set. 1935, pp. 51-7, desabafo destemperado sobre Buenos Aires que ressoa na autoanálise do grupo: "no hay ciudad más inhumana [...] la he llamado 'la ciudad sin esperanza'. No hay montaña, ni colina, ni árbol, ni mar, ni cielo en este apretado corazón de la ciudad. La pampa argentina está más allá: al Río de la Plata no se le ve [...]", p. 56.

20. Victoria Ocampo, "Sobre un mal de esta ciudad", *SUR*, n. 14, nov. 1935.

21. Enrique Amorim, "Victoria Ocampo: 'San Isidro'", *SUR*, n. 90, mar. 1942, com poema de Silvina Ocampo e sessenta e sete fotos de Gustav Thorlichen. O álbum foi publicado pela Editorial SUR em 1941.

22. A quinta familiar de San Isidro, na cercania elegante de Buenos Aires, foi construída pelo pai de Victoria, o engenheiro Manuel Ocampo, e inaugurada em 1890. Em estilo eclético, é uma mistura de vila italiana e chalé normando. A decoração interna mescla colunas coríntias, ornamentos de feitio renascentista, vitrais de talhe medieval e revestimentos em madeira evocativos da era vitoriana. Victoria reformou a decoração interior a partir de 1940, quando para lá se transferiu, norteada pela arquitetura e pelo design modernos: pintou as paredes de branco, renovou o mobiliário e trouxe obras de arte e peças da casa em Palermo Chico, contrastando artistas europeus (Helleu, que a retratou bem jovem, Picasso) e do rio da Prata (Pueyrredón e Figari). "Las mías son casas simples, amplias, sin pretensiones a nada y acompañadas por árboles y un río (la de San Isidro) tan vasto como la pampa." In: Victoria Ocampo, *Testimonios*. Nona série. Buenos Aires: Editorial SUR, 1975. Ver o catálogo *Villa Ocampo, escenario de cultura*. Textos

de Ivonne Bordelois e Fábio Grementieri. Buenos Aires: Editorial Sudamericana, 2006. Victoria possuía ainda outro refúgio de veraneio em Mar del Plata, a Vila Ocampo, construção apalacetada com dois pisos em estilo normando, cercada de varandas cobertas, com chaminé e telhados de ardósia, guarnições de madeira nas paredes externas e sistema de climatização.

23. O número 5 de *SUR*, de 1932, inclui o encarte de oito páginas em preto e branco com fotos da casa de Mendelsohn (pp. 168-9) e o agradecimento de Victoria pelo envio do álbum. Ela elogia o enlace da casa com a paisagem natural, em paralelo com as belezas das barrancas do rio da Prata costeando a Villa Ocampo em San Isidro. A "absoluta simplicidade" da casa de Mendelsohn, sob a mirada Ocampo, inclui lustres, cortinas, aparadores, terraços amplos, a sala de jantar com mesa posta, guardanapos de linho, cadeiras com assento e espaldar estofados, copos de vinho e de água, arranjo decorativo no centro. Victoria Ocampo, "Carta al arquitecto Erich Mendelsohn de Berlin", *SUR*, n. 5, dez.-mar. 1932.

24. "Debates sobre temas sociológicos", *SUR*, n. 81, jun. 1941, p. 85 e segs.; "Debates sobre temas sociológicos: Acerca de 'Los Irresponsables', de Archibald MacLeisch", *SUR*, n. 83, ago. 1941, p. 99 e segs.; "Debates sobre temas sociológicos: Nuevas perspectivas em torno a 'Los Irresponsables', de Archibald MacLeisch", *SUR*, set. 1941, p. 83 e segs.; "Debates sobre temas sociológicos: ¿Tienen las Américas una historia común?", *SUR*, n. 86, nov. 1941, p. 83 e segs.; "Debates sobre temas sociológicos: El problema Gandhi", *SUR*, n. 98, nov. 1942, pp. 81-97.

25. Eduardo González Lanuza, "¿Habrá que suprimir la radio?", *SUR*, n. 31, abr. 1937, p. 102.

26. Ver Sergio Miceli, "Voz, sexo e abismo: Alfonsina Storni e Horacio Quiroga". In: *Novos Estudos Cebrap*, n. 97, pp. 92-113, nov. 2013, republicado neste volume.

27. Ezequiel Martínez Estrada, "Horacio Quiroga", *SUR*, n. 29, fev. 1937, p. 108.

28. *SUR*, n. 49, out. 1938.

29. Eduardo González Lanuza, "Ubicación de Alfonsina", *SUR*, out. 1938, pp. 55-7: "Sacrificó la poesia en aras de su personalidade, casi diría de su temperamento [...] Y la Poesía se vengó con crueldade, escapándosele reiteradamente de las manos cada vez – y fueran muchas – que estuvo a punto de asirla. Mujer inteligente y fuerte, no logró realizarse como poeta por no haber sabido superarse a sí misma".

30. Guillermo de Torre, "Crítica de conferencias, Ramon y Morand", *SUR*, n. 4, set.-dez. 1931, pp. 136-40.

31. "[...] días passado, un viejo volumen de las Obras completas de Sarmiento que lleva mi nombre escrito de su puño y letra en la dedicatória. La dedicatória no me está dirigida, como es de imaginar, pero sí a una tía abuela

mía de quien heredé el nombre y el libro". In: Victoria Ocampo, "Con Sarmiento", *SUR*, n. 46, pp. 7-9, jul. 1938 .
32. Victoria Ocampo, "Ravel", *SUR*, n. 40, pp. 55-8, jan. 1938, matéria motivada pela morte do compositor em dezembro de 1937.
33. Valentine Hugo, "Retratos", *SUR*, n. 19, p. 100, abr. 1936.
34. Julio Irazusta, "Lucio V. Mansilla", *SUR*, n. 40, pp. 44-54, jan. 1940; Ramón Gómez de la Serna, "Oliverio Girondo", pp. 59-71; Emile Gouiran, "Una interpretación argentina", pp. 75-8.
35. Evelyne Lopez Campillo, *La "Revista de Occidente" y la formación de minorias (1923-1936)*. Madrid: Taurus, 1972; Gisèle Sapiro, *La guerre des écrivains (1940-1953)*. Paris: Fayard, 1999, em especial os capítulos 2 ("La responsabilité de l'écrivain") e 6 ("Le sens de la distinction: 'L'esprit NRF'"), pp. 103-207 e 377-466.
36. Lila M. Caimari, *Perón y la iglesia católica: religión, estado y sociedade en la Argentina (1943-1955)*. Buenos Aires: Ariel, 1995; José Zama, "Se há hecho Dios fascista? Orden cristiano y los intelectuales católicos argentinos durante la II Guerra Mundial". In: Candido Rodrigues e Gisele Zanoto (orgs.), *Catolicismo e sociabilidade intelectual no Brasil e na Argentina*. Cuiabá: Editora da Universidade Federal de Mato Grosso, 2013, pp. 79-100; Loris Zanatta, *Del Estado liberal a la nación católica, iglesia y ejército en los orígenes del peronismo, 1930-1943*. Buenos Aires: Universidad Nacional de Quilmes, 1996.
37. Gregorio Marañon, "Soledad y libertad", *SUR*, n. 31, pp. 60-91, abr. 1937, elocubrações a respeito de relações amorosas; "Cartas abiertas – José Bergamin – Victoria Ocampo", *SUR*, n. 32, pp. 67-74, maio 1937.
38. O editorial, em resposta à ofensiva de *Criterio*, abre o número, no qual foi também publicado o artigo de Maritain sobre a Guerra Civil Espanhola: "Posicíon de SUR", *SUR*, n. 35, pp. 7-9, ago. 1937; Jacques Maritain, "Sobre la guerra santa", pp. 98-117. Eis as evidências do embaraço provocado pelo fundamentalismo literário de *SUR*: "Não sabemos o que significa ser uma revista de esquerda [...] Não nos interessa a coisa política a não ser que esteja vinculada com o espiritual [...] Quando os princípios cristãos, os fundamentos mesmos do espírito aparecem ameaçados por uma política, então levantamos nossa voz".
39. Pierre Andreu e Frédéric Grover, *Drieu la Rochelle*. Paris: Hachette, 1979; Jacques Cantier, *Pierre Drieu la Rochelle*. Paris: Perrin, 2011; Victoria Ocampo, *Drieu*, introd. e notas de Julien Hervier. Paris: Bartillat, 2007 (3ª ed.: 2012), que inclui os textos "Mesure de la France", "Année 1930", uma carta de Victoria a Drieu, de 1937, o testamento de Drieu, a carta de Louis Jouvet (23 maio 1945) com informe sobre o suicídio de Drieu, escritos extraídos do quinto volume da autobiografia de Victoria Ocampo, intitulado *Figuras simbólicas: Medida de Francia*, op. cit.

40. Drieu la Rochelle, desde o início membro do conselho estrangeiro, marcou presença no número inaugural: "Carta a unos desconocidos", *SUR*, n. 1, dez.-mar. 1931.
41. Pierre Drieu la Rochelle e Victoria Ocampo, *Lettres d´un amour défunt. Correspondance 1929-1944*, org. de Julien Hervier. Paris: Bartillat/Editorial SUR, 2009.
42. O trecho entre colchetes foi acrescentado à margem por Drieu, "tão exasperado que comete o lapso de escrever 'comunismo' em vez de 'fascismo'", conforme registra o organizador da correspondência, op. cit., p. 179, nota 2.
43. Pierre Drieu la Rochelle e Victoria Ocampo, op. cit., p. 179. Responde Victoria em carta de 22 de outubro de 1937: "[...] je pense comme toi que ce sont la plupart du temps des hypocrites et leur hypocrisie me fait vomir. Tout m'éloigne de plus en plus du communisme [...] Je ne sais pas entrer dans le jeu de la politique [...] Et, à notre époque, n'adhérer ni au communisme ni au fascisme est difficile quand cette attitude n'est pas la conséquence d'un manque de courage ou d'enthousiasme, mais précisément le contraire [...] Je n'ai foi ni dans les dieux fascistes ni dans les dieux communistes. Mon royaume n'appartient pas [...] au monde de la politique [...] C'est horrible ces 16 000 prêtres massacrés en Espagne. Mais ils avaient souillé la religion du Christ [...] Disons que ce fut un massacre symbolique... De plus, sur ordre de Franco, beaucoup des gens qui valaient autant que les prêtres ont été massacrés [...] L'Église a besoin d'être purifiée, c'est-à-dire persécutée. Elle ne me plaît pas. Si tu savais ce que le clergé est en train de faire ici", op. cit., p. 182.
44. A virada de Drieu se evidencia no volume *Socialisme fasciste* (Gallimard, 1934) acerca das violentas manifestações de direita e de esquerda contra o governo, em 1934, episódios retomados no romance *Gilles* e em dois artigos incluídos no volume *Textes politiques 1919-1945* (Paris: Krisis, 2009, pp. 132-5).
45. Sobre as experiências de viagem de Gide na União Soviética, ver Ernesto Palacio, "La experiencia rusa de André Gide", *SUR*, n. 37, out. 1937, pp. 77-9, com ênfase na transição entre a postura otimista de esperança para a de desencanto e decepção; Pierre-Henri Simon, "André Gide y el comunismo", *SUR*, n. 58, jul. 1939, pp. 35-43.
46. "Du moment que je ne suis pas communiste, que je suis anti-communiste, je suis fasciste. Du moment que j'apporte de l'eau au moulin fasciste, aussi bien y aller franchement". In: P. Drieu la Rochelle e Victoria Ocampo, carta de 7 out. 1937, op. cit., p. 176.
47. André Gide, "Perséphone", *SUR*, n. 19, abr. 1936, pp. 7-53, poema musicado por Stravinsky, que seria representado em maio de 1936, no Teatro Colón, ora publicado no idioma original e em versão livre de autoria de

Borges; "Shakespeare en francés", *SUR*, n. 50, out. 1938, pp. 7-16; "Sobre una definición de la poesía", *SUR*, n. 81, jun. 1941, pp. 7-12.
48. Paul Valéry, "Sobre el racismo", *SUR*, n. 64, jan. 1940, pp. 7-10, libelo revelador dos impasses que enfrentavam os escritores devotos da "arte pela arte", desnorteados diante dos desafios políticos naquela conjuntura.
49. Emile Gouiran, "Homenaje a Paul Claudel", *SUR*, n. 29, fev. 1937, pp. 91-4
50. Julien Benda, "La cuestión de la 'Élite'", *SUR*, n. 27, dez. 1936, pp. 117-20.
51. Benjamin Crémieux, *SUR*, n. 23, ago. 1936.
52. Jean Paulhan, "Sobre un linguaje sagrado", *SUR*, n. 65, fev. 1940, pp. 7-30.
53. Jean-Paul Sartre, "El aposento", *SUR*, n. 54, mar. 1939, pp. 20-34; "El aposento (conclusión)", *SUR*, n. 55, abr. 1939, pp. 38-51.
54. Michel Leiris, "La cabeza de Holofernes", *SUR*, n. 42, mar. 1938, pp. 41-52, recordações de infância.
55. Ramón Fernández (1894-1944), crítico literário francês, autor da Gallimard, companheiro de Drieu la Rochelle na militância colaboracionista. Ambos eram aliados desde 1934 na via do "socialismo fascista", convictos anti-intelectualistas que atribuíam a derrota francesa aos intelectuais da "República dos professores" e ao Front Populaire. Rechaçavam a República e a democracia. Consultar Gisèle Sapiro, op. cit., pp. 406-8, 412-4, 417, 448 e segs.; E. Martyn Cornick, *The Nouvelle Revue Française under Jean Paulhan, 1925-1940*, Amsterdam/Atlanta, 1995. Ver Ramón Fernández, "De la tolerancia", *SUR*, n. 41, fev. 1938, pp. 42-50, capítulo do livro *¿Es humano el hombre?*, que seria lançado pela Editorial SUR; "La inteligencia y la asimilación", *SUR*, n. 46, número especial "Defesa da inteligência", jul. 1938, pp. 63-5.
56. André Rolland de Renéville (1903-62), crítico de poesia na *NRF* desde os anos 1930, protegido de Jean Paulhan, também aderiu à *NRF* dirigida por Drieu, prestando colaboração até 1942. Ao que tudo indica, a presença de Ramón Fernández e de André de Renéville em *SUR* se deveu à mediação de Drieu. Ver André Rolland de Renéville, "La imagen", *SUR*, n. 8, set. 1933, trecho do livro *L'expérience poétique* (Paris: Gallimard, 1937); "La hora fuera del tiempo", *SUR*, n. 33, jun. 1937, pp. 53-64, extraído da mesma obra.
57. Eduardo Mallea, "Carta a Enrique de Montherlant", *SUR*, n. 55, abr. 1939, pp. 7-21, reprimenda das derivas conservadoras do escritor francês.
58. Colaborador assíduo em diários franquistas, instalou-se em definitivo em Buenos Aires em 1937, onde se casou com a escritora Luisa Sofovich.
59. Entre os espanhóis exilados nas Américas, poetas em maioria, acolhidos em *SUR*: José Moreno Villa, "Poemas", *SUR*, n. 44, maio 1938, pp. 32-6; Pedro Salinas, "Pareja, espectro", *SUR*, n. 45, jun. 1938, pp. 52-8; Rosa Chacel, "Memorias de Leticia Valle", *SUR*, n. 52, jan. 1939, pp. 14-27; "La ventana que da sobre la muerte", *SUR*, n. 99, dez. 1942, pp. 30-2; Manuel

Altolaguirre, "Tres poemas", *SUR*, n. 55, abr. 1939, pp. 36-7; Juan Ramón Jíménez, "El ausente", *SUR*, n. 63, dez. 1939, pp. 7-10; "El ausente", *SUR*, n. 77, fev. 1941, pp. 7-11; "Españoles de tres mundos", *SUR*, n. 79, abr. 1941, pp. 7-9; "Españoles de tres mundos", *SUR*, n. 82, jul. 1941, pp. 22-28; "Españoles de três mundos", *SUR*, n. 93, jun. 1942; Rafael Alberti, "Sonetos, canciones", *SUR*, n. 64, jan. 1940, pp. 7-9; "La arboleda perdida", *SUR*, n. 67, abr. 1940, pp. 16-38; "De los álamos y los sauces", *SUR*, n. 72, set. 1940, pp. 7-15; Jorge Guillén, "Mundo en claro", *SUR*, n. 81, jun. 1941, pp. 25-32.

60. Ortega y Gasset, "Ictiosauros y editores clandestinos. Urgencia de una rectificación moral", *SUR*, n. 38, nov. 1937, p. 40. A investida de Neruda e a resposta de Victoria Ocampo foram publicadas em conjunto: "Una declaración de la 'Alianza de intelectuales de Chile para la Defensa de la Cultura'. Y su respuesta", *SUR*, n. 41, fev. 1938. "Que a admirável valentia que o sr. Ortega demonstra [...] devia utilizá-la para atacar o general Franco inimigo de sua pátria e [...] da cultura, assassino de seu colaborador da *Revista de Occidente* e escritor ilustre Antonio Espina, inquisidor que fez queimar nas praças públicas da Espanha assolada pela invasão ítalo-germânica os melhores livros da Espanha e do mundo", ed. cit., pp. 79-80. A resposta de *SUR* desconversa sobre os ataques de caráter político e se atém aos efeitos da pirataria, às pp. 81-2, juntando cartas de apoio subscritas por sumidades como Gide, Malraux, Maurois, Zweig, Huxley e Keyserling, todos colaboradores esporádicos da revista.

61. Crítico espanhol, casado com a irmã de Borges, a gravadora Norah Borges, em Buenos Aires desde 1927, primeiro secretário editorial de *SUR*, assessor das editoras Espasa-Calpe e Losada, que ajudou a criar. No início dos anos 1940, encomendou a Mário de Andrade o ensaio sobre Portinari que sairia em espanhol sob o selo Losada. Ver Guillermo de Torre, "Literatura individual frente a literatura dirigida", *SUR*, n. 30, mar. 1937, p. 89-104, em que alude às inclinações pró-fascistas de Drieu la Rochelle, integrante do Comitê de Colaboração de *SUR*; "Disciplina y deleite de Julien Benda", ed. cit., pp. 105-112.

62. David I. Kertzer, *The Pope and Mussolini: the Secret History of Pius XI and the Rise of Fascism in Europe*. Nova York: Random House, 2015.

63. As novas dioceses incluíam províncias – Mendoza, San Luís, La Rioja e Jujuy – e cidades importantes – Rosario, Río Cuarto, Bahía Blanca, Mercedes, Azul e Viedma; as arquidioceses eram La Plata, Córdoba, Santa Fe, Salta, San Juan de Cuyo e Paraná.

64. Augusto Durelli, doutor em ciências políticas em Paris, autor de *El nacionalismo frente al cristianismo* (1940), acerca das incompatibilidades entre as teses dos nacionalistas e o cristianismo, intelectual de nomeada entre os católicos democratas, era colaborador de *SUR*: "Documentos: La

unidad entre los católicos", *SUR*, n. 47, ago. 1938, pp. 72-9, carta de um católico argentino buscando distinguir catolicismo e nacionalismo na Guerra Civil Espanhola; "Tres pueblos mártires", *SUR*, n. 52, jan. 1939, pp. 62-5.
65. Jorge Luis Borges, "Una pedagogia del ódio", *SUR*, n. 32, maio 1937, pp. 80-1, crítica dura de um livro alemão destinado a inculcar nas crianças a aversão aos judeus; Victoria Ocampo, "Camino a Sarrebrück", *SUR*, n. 60, set. 1939, pp. 10-2.
66. Ver a crônica a respeito do escritor suíço calvinista, colaborador "personalista" da revista *Esprit*, defensor de uma religião cristã intransigente, que afirmava a primazia do espírito, soprado por Deus na Bíblia: Carlos Alberto Erro, "Denis de Rougemont en Buenos Aires", *SUR*, n. 83, ago. 1941, pp. 67-74.
67. Georges Bernanos, "Georges Bernanos escribe para *SUR*", *SUR*, n. 48, set. 1938, pp. 7-19, artigo militante sobre a Guerra Civil Espanhola, onde também aborda a situação da Igreja na Espanha e na França; "Carta a los ingleses", *SUR*, n. 82, jul. 1941, pp. 7-21. Ver ainda Robert Weibel-Richard, "El testimonio de Bernanos y la responsabilidade del cristianismo", *SUR*, n. 47, ago. 1938, pp. 64-9.
68. Louis Ollivier, "La revolución del orden", *SUR*, n. 17, fev. 1936, pp. 62-75.
69. Benjamin Fondane, "Martin Heidegger ante la sombra de Dostoiewsky", *SUR*, n. 5, dez.-mar. 1932, número que publicou o texto de Martin Heidegger, "¿Que es metafísica?"; "La consciencia desventurada (Bergson, Freud y los dioses)", *SUR*, n. 15, dez. 1935; "Prefacio para el presente", *SUR*, n. 21, jun. 1936, pp. 72-86, prólogo da obra *La conscience malheureuse* (Paris: Denoël, 1936); "El poeta y la esquizofrenia. La consciencia vergonzosa", *SUR*, n. 34, jul. 1937, onde defende a "arte pela arte", postura criticada no livro de Roger Caillois (*Procès intellectuel de l'art*, 1935); "Nietzsche y los problemas 'repugnantes'", *SUR*, n. 42, mar. 1938, pp. 53-60; "Lévy-Brühl o el metafísico a pesar suyo", *SUR*, n. 57, jun. 1939, pp. 65-75, salientando o escopo filosófico em detrimento do trabalho etnográfico; "En las riberas del Hiso", *SUR*, n. 70, pp. 7-39, prólogo de obra em preparo sobre o pensamento de Léon Chestov.
70. Léon Chestov, "Sobre la 'transformación de las convicciones' en Dostoievsky", *SUR*, n. 41, fev. 1938, pp. 7-41; "Un capítulo de 'las revelaciones de la muerte'", *SUR*, n. 51, dez. 1938, pp. 38-55, artigo publicado em número que divulgou respostas de escritores de língua inglesa (Sherwood Anderson, Eliot, Hemingway, MacLeish etc.) à pesquisa sobre "o espírito e a linguagem da noite", formulada por Eugene Jolas, editor da revista *Transition*.
71. Jacques Maritain, "Carta sobre la independencia", *SUR*, n. 22, jul. 1936, pp. 54-86, sobre a guerra iminente; "Conferencia de Jacques Maritain a propósito de la 'Carta sobre la independencia'", *SUR*, n. 27, dez. 1936, pp. 7-70; "De un nuevo humanismo", *SUR*, n. 31, abr. 1937, pp. 22-49, reforçando a

defesa do que entendia por "terceira via", um cristianismo de fundo social, nem fascismo, nem comunismo, postura esposada pelo editorial de *SUR* nesse número, "Con el Pueblo", também de autoria de Maritain: "[...] o povo é a grande reserva de espontaneidade vital e de não farisaísmo"; "El crepúsculo de la civilización", *SUR*, n. 57, jun. 1939, pp. 7-37.

72. Jacques Maritain, "Sobre la guerra santa", *SUR*, n. 35, ago. 1937, pp. 98-117, sobre a Guerra Civil Espanhola; esse número inclui resenha de Rafael Pividal sobre a obra de Maritain, *Humanismo integral*, "Católicos fascistas y católicos personalistas", pp. 87-97. Ver ainda Leonardo Castellani, "Jacques Maritain", *SUR*, n. 23, ago. 1936; Rafael Pividal, "Un ministro nacionalista insulta a Maritain", *SUR*, n. 47, ago. 1938, pp. 70-1, em desagravo ao pronunciamento de um ministro espanhol tachando Maritain de esquerdista e judeu; "Los católicos, la política y el dinero", *SUR*, n. 50, nov. 1938, pp. 68-9, resenha do livro de Pierre-Henri Simon (Editorial SUR, 1938); Augusto J. Durelli, "Los cristianos y el reposo", *SUR*, n. 60, set. 1939, pp. 74-80, resenha do livro recém-lançado de Maritain, *Questions de conscience*; Rafael Dieste, "Jacques Maritain: *Acción católica y acción política*", *SUR*, n. 65, fev. 1940, pp. 107-9; Roger Caillois, "Examenes de consciencia", *SUR*, n. 79, abr. 1941, pp. 102-7, resenha dos livros de André Maurois (*Tragédie en France*), de Jules Romains (*7 mystères du destin de l'Europe*) e de Jacques Maritain (*A travers le désastre*).

73. Artigo citado na nota 53.

74. Victoria Ocampo, "Vísperas de guerra", *SUR*, n. 61, out. 1939, pp. 7-19; Jorge Luis Borges, "Ensayo de imparcialidad", ed. cit., pp. 27-29.

75. José Luis Romero, *La experiencia argentina y otros ensayos*. Buenos Aires: Editorial de Belgrano, 1980.

76. *SUR*, n. 67, abr. 1940, com o artigo de abertura de Victoria Ocampo, "Este lago", divagação poética sobre a guerra vista do lado de cá: "Este lago que me rodeia é América".

77. Victoria Ocampo, "América indivisible", *SUR*, n. 87, dez. 1941, pp. 7-9: "Hoje América deixou de ser um lago [...] pela primeira vez desde que sonhou Bolívar, começa a sentir-se indivisível, desde o estreito de Behring até o Cabo de Hornos. Indivisível por suas raízes históricas e geográficas e pelo papel que está chamada a representar no mundo [...] Porque os americanos não devem ter mais que uma pátria, como disse e quis Bolívar" (p. 9); Carlos Alberto Erro, "1917 y 1941", ed. cit., pp. 10-6; Maria Rosa Oliver, "El día marcado en los anales de la infamia", ed. cit., pp. 17-20; Jorge Luis Borges, "1941", ed. cit., pp. 21-2; Eduardo González Lanuza, "El Japón y la técnica", ed. cit., pp. 23-7; "Homenaje a Wiston Churchill: Discursos de Victoria Ocampo y Maria Rosa Oliver", ed. cit., pp. 67-9, proferidos em nome de *SUR*, em evento no Hotel Ambassadeurs, em 28 de novembro de 1941, como representantes da "Junta de la Victoria".

78. "Palabras del Presidente del Brasil", *SUR*, n. 96, set. 1942, p. 93; "Mensaje de los argentinos al Presidente del Brasil", ed. cit., p. 94. Acerca dos retratos executados por Portinari – de Manuel Bandeira, Carlos Drummond de Andrade, Adalgisa Nery, Mário de Andrade e Jorge de Lima – ver Sergio Miceli, *Imagens negociadas, retratos da elite brasileira (1920-40)*. São Paulo: Companhia das Letras, 1996.
79. A introdução da educação religiosa nas escolas públicas – por decreto do governo militar do general Ramírez em dezembro de 1943 – garantiu o apoio de figuras de relevo no catolicismo e golpeou a tradição liberal de laicidade.
80. Gerald Heard, "Un cambio fundamental en la Inglaterra de hoy", *SUR*, n. 12, set. 1935, pp. 7-75.
81. Jorge Luis Borges, "El coronel Ascasubi", *SUR*, n. 1, dez.-mar. 1931 (In: *Discusión*, "La poesia gauchesca", pp. 179-97); "El Martín Fierro", *SUR*, n. 2, mar.-jul. 1931 (In: *Discusión*, "La poesia gauchesca", pp. 179-97); "Nuestras impossibilidades", *SUR*, n. 4, nov. 1932 (In: *Discusión*. Buenos Aires: M. Gleizer, 1932), no qual se queixa de traços do "argentino" típico – a penúria imaginativa e o rancor. Esse texto consta apenas da primeira edição de *Discusión*, em 1932.
82. Jorge Luis Borges, "Tareas y destino de Buenos Aires". In: *Textos recobrados (1931-1955)*. Buenos Aires: Emecé, 2007, pp. 139-53.
83. Julio Irazusta, "Acerca de Jorge Santayana" e "Goethe en las guerras de la Revolución", *SUR*, n. 6, outono de 1932; "La experiencia rusa de Waldo Frank", *SUR*, n. 7, abr. 1933, resenha do livro de Frank, *Down in Russia*; "Libertad y organización en el siglo XIX", *SUR*, n. 19, abr. 1936, pp. 59-9, resenha de livro de Bertrand Russell com ênfase nas críticas do autor ao marxismo; "El 'Catilina' de Ernesto Palacio y la historiografía romana", *SUR*, n. 20, maio 1936, resenha elogiosa do confrade de militância no periódico conservador *La Nueva Republica* – o título do livro, *Catilina, la revolución contra la plutocracia en Roma*, é metáfora da crise política argentina desencadeada pela gerontocracia aliada de Uriburu; "Siegfried y la América Latina", *SUR*, n. 21, jun. 1936, pp. 111-2; "La representación británica al Congreso del P.E.N. Club", *SUR*, n. 23, ago. 1936; "El Talleyrand del conde de Saint Aulaire", *SUR*, n. 25, out. 1936, pp. 81-5; "Una opinión de Santayana sobre el testimonio filosófico de Proust", *SUR*, n. 26, nov. 1936, pp. 21-4; "Influencia del espíritu renacentista en el descubrimiento de América", *SUR*, n. 31, abr. 1937, pp. 50-9; "Reflexiones de traductor: la última novela de Huxley", *SUR*, n. 34, jul. 1937, sobre *Eyeless in Gaza*, que traduzira para a Editorial SUR; "Lucio V. Mansilla", *SUR*, n. 40, jan. 1938, pp. 44-54, sobre as reminiscências de Mansilla – *Retratos y recuerdos, Rosas, memorias inconclusas* – a

respeito do tio, o ditador Juan Manuel Rosas; "José María Paz", SUR, n. 51, dez. 1938, pp. 63-73.
84. Duas edições se esgotaram no ano de lançamento.
85. Ramón Doll, "Un ensayo de Julio Irazusta sobre Rosas", SUR, n. 22, jul. 1936, pp. 95-100, resenha enaltecedora da obra *Ensayo sobre Rosas y la suma del poder en su centenário (1835-1935)* (Buenos Aires: Tor, 1935), focalizando o embate de forças entre as classes proprietárias autóctones, enraizadas na terra, e as europeizadas, "de costas para a Nação", p. 96.
86. Julio Irazusta, *Memorias*, op. cit., p. 200.
87. As *Meditações sul-americanas* de Keyserling mereceram duas resenhas circunstanciadas: Homero Guglielmini, "1 – A propósito del libro de Keyserling", SUR, n. 8, set. 1933; José Luis Romero, "2 – Introducción a un sudamericanismo essencial", ed. cit.
88. Waldo Frank, "La selva", SUR, n. 1, dez.-mar. 1931.
89. Fotos dos pampas, dos Andes, das cataratas do Iguaçu, da Terra do Fogo, encartadas no número inaugural; outro caderno reúne fotos com paisagens e figuras da Argentina, n. 4, set.-dez. 1931.
90. Bernardo Canal Feijóo, "Premios literários: Radiografías fatídicas", SUR, n. 37, out. 1937, pp. 63-76.
91. Jorge Luis Borges, "Radiografía de la pampa por Ezequiel Martínez Estrada". In: *Crítica. Revista Multicolor de los Sábados*, Buenos Aires, ano I, n. 6, 16 set. 1933, resenha republicada em Jorge Luis Borges, *Textos recobrados (1931-1955)*. Buenos Aires: Emecé, 2007, pp. 52-3.
92. Eduardo Mallea, *Historia de una pasión argentina*. Buenos Aires: Editorial SUR, 1937.
93. Bernardo Canal Feijóo, "Historia de una pasión argentina", SUR, n. 38, nov. 1937, pp. 74-82; Ana M. Berry, "Una voz nuestra", SUR, n. 39, dez. 1937, pp. 76-84; Emile Gouiran, "Una interpretación argentina", SUR, n. 40, jan. 1938, pp. 75-8. Para Gouiran, trata-se da "[...] confidência autobiográfica de um argentino que pretende transubstanciar uma paisagem e uma sociedade em uma alma viva, que pretende existir como argentino em uma Argentina real [...] em uma Argentina visível e em uma invisível. A primeira é a mediocridade do presente oficial; a segunda é a realidade do passado e do futuro graças a uma exaltação severa da vida". A recusa da Argentina dos imigrantes e o desígnio redentor de supremacia social e política do patriciado *criollo* dão o tom do artigo.
94. Eduardo Mallea, "El hombre gordo de Kensington", SUR, n. 75, dez. 1940, pp. 16-7.
95. "Así el nombre Irazusta será siempre para nosotros – pese a las diferencias que nos dividen – un objeto de respetuoso afecto", ed. cit., p.17.
96. Ver a epígrafe desta seção.

97. Eduardo Mallea, "El escritor de hoy frente a su tiempo", *SUR*, n. 12, set. 1935, pp. 7-29; Guillermo de Torre, "Disciplina y deleite de Julien Benda", *SUR*, n. 30, mar. 1937, pp. 105-12; "Una apologia de la literatura", *SUR*, n. 34, jul. 1937, pp. 80-3, resenha do livro de Georges Duhamel, *Défense des lettres. Biologie de mon métier* (Paris: Mercure de France, 1937); "Por un arte integral", *SUR*, n. 37, out. 1937, pp. 52-62, polêmica com o editor de *Hora de España*, António Sánchez Barbado, em torno da liberdade de expressão em regimes totalitários pelo contraste entre "formalismo" e "realismo socialista"; José Luis Romero, "Sobre el espíritu de facción", *SUR*, n. 33, jun. 1937, pp. 65-77; Victoria Ocampo, "Carta a Waldo Frank", *SUR*, n. 75, dez. 1940, pp. 11-5, em que retoma o mito de invenção – "Quando você e eu falamos de *SUR* pela primeira vez […] o que nos inquietava não era só o problema da Argentina e dos Estados Unidos: era o problema de um continente inteiro cuja união desejávamos. Esta união existia para nós através do que de fato, e obedecendo a uma lei espiritual, está sempre ligado; uma elite de escritores. Aristocracia cujos membros têm sempre estreito parentesco, como em outros tempos as famílias reinantes" (p. 13).

98. Aldous Huxley, "Naturaleza y limite de la influencia de los escritores", *SUR*, n. 11, ago. 1935, pp. 7-24, discurso pronunciado no Congresso Internacional de Escritores; "Notas actuales sobre la 'Sociología Generale' de Paretto", *SUR*, n. 17, fev. 1936, pp. 7-22; Julien Benda, "La cuestión de la 'Élite'", *SUR*, n. 27, dez. 1936, pp. 117-20; Nicolás Berdiaeff, "La misión de los intelectuales", *SUR*, n. 46, jul. 1938, pp. 10-7, no qual atribui ao domínio das massas na história as ameaças à liberdade de expressão e de criação espiritual dos intelectuais. O número especial, "Defesa da inteligência", junta aos argentinos um escritor russo expatriado, um filósofo católico francês, um italiano residente em Genebra, um crítico francês e outro inglês: Eduardo Mallea, "Sentido de la inteligencia en la expresión de nuestro tiempo", *SUR*, n. 46, jul. 1938, pp. 18-37; Emmanuel Mounier, "Inteligencia y personalismo", ed. cit., pp. 38-42; Guglielmo Ferrero, "La inteligencia y las pasiones", ed. cit., pp. 43-7; B. Canal Feijóo, "Inteligencia y órdenes objetivos", ed. cit., pp. 48-54; John Middleton Murry, "El futuro de la inteligencia", ed. cit., pp. 55-62; Ramón Fernández, "La inteligencia y la asimilación", ed. cit., pp. 63-5.

99. Leopoldo Marechal, 'Don Segundo Sombra' y el ejercicio ilegal de la crítica", *SUR*, n. 12, set. 1935, pp. 76-9; "Carta aberta", *SUR*, n. 25, out. 1936, p. 106, endereçada a Victoria Ocampo, rechaçando o moralismo na prática artística, na polêmica envolvendo a estátua equestre de Bolívar pelado, encomendada a José Fioravanti; José Bianco, "Las últimas obras de Mallea", *SUR*, n. 21, jun. 1936, pp. 39-71, recepção crítica das teses sobre o país, o estatuto do intelectual argentino, o contexto urbano e o perfil

da geração; Eduardo González Lanuza, "J. L. Borges, Silvina Ocampo y A. Bioy Casares: *Antología de la literatura fantástica*", *SUR*, n. 81, jun. 1941, pp. 78-9; "Jorge Luis Borges, Silvina Ocampo y A. Bioy Casares: *Antologia poética argentina*", *SUR*, n. 89, fev. 1942, pp. 68-9; Jorge Luis Borges, "La estatua casera", *SUR*, n. 18, mar. 1936, pp. 85-6, resenha do livro de Bioy Casares, elogio do conto fantástico; "Swinburne", *SUR*, n. 33, jun. 1937, pp. 93-4 (*Borges en SUR, 1931-1980*. Buenos Aires: Emecé, 1999, pp. 147-8), contra o nexo entre biografia e obra: "El hombre Swinburne interesa muy poco [...] Olvidar su opulencia intelectual: su lúcida invención y afinación de melodías verbales"; "Luis Greve, muerto", *SUR*, n. 39, dez. 1937, p. 85 (*Borges en SUR*, pp. 149-50), enaltecimento da literatura fantástica e repúdio da novela realista: "La facundia y la pereza criolla prefieren la informe *tranche de vie* o la mera acumulación de ocurrencias. De ahí lo inusual de la obra de Bioy Casares. En *Caos* y en *La nueva tormenta* la imaginación predomina [...] obedece a un orden"; "B. Ifor Evans, A short history of english literature", *SUR*, n. 71, ago. 1940, p. 74 (*Borges en SUR*, pp. 238-9), rompante anti-histórico em que invoca Schopenhauer para dizer que interpretações de fatos a partir de biografias individuais "é como buscar nas nuvens grupos de animais e de homens"; "Edward Shanks: *Rudyard Kipling. A study in literature and political ideas*", *SUR*, n. 78, mar. 1941, p. 83 (*Borges en SUR*, pp. 242-4), elogio de Kipling e chacota das análises de "detratores" sobre suas ligações com as políticas do Império inglês; "Roger Caillois: *Le roman policier*", *SUR*, n. 91, abr. 1942, p. 56 (*Borges en SUR*, pp. 248-51); Roger Caillois, "Rectificación a una nota de J. L. Borges", *SUR*, n. 91, abr. 1942, p. 71, resposta à crítica ácida e demolidora de Borges; Jorge Luis Borges, "Polémica: Observación final", *SUR*, n. 92, maio 1942, p. 72 (*Borges en SUR*, pp. 252-3); Adolfo Bioy Casares, "Jorge Luis Borges: *El jardín de senderos que se bifurcan*", *SUR*, n. 92, maio 1942, pp. 60-4.
100. Jorge Luis Borges, "Américo Castro: *La peculiaridade linguística rio-platense y su sentido histórico*", *SUR*, n. 86, nov. 1941, pp. 66-70. Amado Alonso, então diretor do Instituto de Filologia, da Faculdade de Filosofia e Letras, em Buenos Aires, rechaça as "jeringonças" desancadas por Borges: "A quienes leyeron a Jorge Luis Borges, en *SUR*, n. 86", *SUR*, n. 89, pp. 79-81.
101. Adolfo Prieto, *Borges y la nueva generacion*. Buenos Aires: Letras Universitarias, 1954.
102. María Luisa Bastos, *Borges ante la crítica argentina 1923-1960*. Buenos Aires: Ediciones Hispamerica, 1974.
103. Leopoldo Marechal, "Don Segundo Sombra y el ejercicio ilegal de la crítica", *SUR*, n. 12, set. 1935, pp. 76-9.
104. "Escribo en julio de 1940, cada mañana la realidad se parece más a una pesadilla. Sólo es possible la lectura de páginas que no aluden siquiera a

la realidade: fantasias cosmogónicas de Olaf Stapleton, obras de teología o de metafísica, discusiones verbales, problemas frívolos de Queen o de Nicholas Blake." In: Jorge Luis Borges, "Ellery Queen – *The new adventures of Ellery Queen*", SUR, n. 70, jul. 1940, p. 61 (*Borges en SUR*, pp. 231-2).

105. Jorge Luis Borges, "Los labirintos policiales y Chesterton", SUR, n. 10, jul. 1935 (*Borges en SUR*, pp. 126-9); "Modos de G. K. Chesterton", SUR, n. 22, jul. 1936, pp. 47-53 (*Borges en SUR*, pp. 18-23); "Howard Haycraft. *Murder for pleasure*, Peter Davies, London, 1942", SUR, n. 107, set. 1943 (*Borges en Sur*, pp. 265-6).

106. Jorge Luis Borges, "Films", SUR, n. 3, ago. 1931, crítica de Chaplin (*Luzes da ribalta*) e de Sternberg (*Marrocos*) (*Discusión*, pp. 222-3); "Street Scene", SUR, n. 5, maio. 1932 (*Discusión*, pp. 224-5; "El delator", SUR, n. 11, ago. 1935, pp. 90-1 (*Borges en SUR*, pp. 179-81), crítica do filme "The informer" (1935), de John Ford, baseado em novela de Liam O'Flaherty, agraciado com os Oscars de diretor, ator (Victor McLaglen), roteiro (Dudley Nichols) e música (Max Steiner); "Dos films", SUR, n. 19, abr. 1936, p. 109 (*Borges en SUR*, pp. 182-3), recensão das películas *Crime e castigo*, de Sternberg, e *Os 39 degraus*, de Alfred Hitchcock; "El bosque petrificado", SUR, n. 24, set. 1936, p. 147 (*Borges en SUR*, pp. 84-5), filme de Archie Mayo; "Wells, previsor", SUR, n. 26, nov. 1936, pp. 125-6 (*Borges en SUR*, pp. 186-8), sobre o filme *Lo que vendrá*, de Alexander Korda, baseado em novela de H. G. Wells; "Film and Theatre", SUR, n. 27, dez. 1936, pp. 112-3 (*Borges en SUR*, pp. 140-2), resenha demolidora do livro de Allardyce Nicoll, que trata das diferenças entre os gêneros mencionados; "Dos films", SUR, n. 31, abr. 1937, pp. 100-1 (*Borges en SUR*, pp. 189-90), recensão ríspida de *Sabotagem*, de Hitchcock, baseado em novela de Joseph Conrad (*O agente secreto*), e do filme argentino *Los muchachos de antes no usaban gomina*, cujo herói é um portenho italianado, receptivo aos estímulos do "patriotismo apócrifo e do tango sentimental"; "La fuga", SUR, n. 35, ago. 1937, pp. 121-2 (*Borges en SUR*, pp. 191-2), crítica ferina do filme argentino de Saslavsky, outro crítico de cinema em SUR, rebaixado à luz dos parâmetros do cinema norte-americano; "Verdes praderas", SUR, n. 37, out. 1937, p. 87 (*Borges en SUR*, pp. 193-4), filme de Connelly; "De regresso", SUR, n. 38, nov. 1937, p. 92 (*Borges en SUR*, pp. 195-6), sobre um filme pacifista julgado inferior a *Sin novidad en el frente*; "Prisioneros de la tierra", SUR, n. 60, set. 1939, pp. 91-2 (*Borges en SUR*, pp. 197-8), resenha sarcástica de filme argentino; "Un film abrumador", SUR, n. 83, ago. 1941, p. 88 (*Borges en SUR*, pp. 199-200), resenha consagradora de *Citizen Kane*, de Orson Welles; "Dos films", SUR, n. 103, abr. 1943 (*Borges en SUR*, pp. 201-2), sobre *La estraña pasajera* (*Now, voyager*), do diretor inglês Irving Rapper, com Bette Davis e Paul Henreid (*Borges en SUR*, pp. 201-2), e do filme policial *Nightmare* (*Pesadilla*);

"El Dr. Jekyll y Edward Hyde, transformados", SUR, n. 87, dez. 1941 (*Discusión*, pp. 284-5), crítica arrasadora do filme de Victor Fleming, *El hombre y la bestia* (*Dr. Jekyl and Mr. Hyde*), com Spencer Tracy, Ingrid Bergman e Lana Turner, terceira adaptação ao cinema da novela de Robert Louis Stevenson, *O estranho caso do dr. Jekyl e do sr. Hyde*. Os comentários confrontam as ambivalências do relato literário aos esquematismos morais e estéticos da narrativa cinematográfica.

107. Foram divulgados poemas de Eliot, mas nenhum ensaio crítico: T. S. Eliot, "Rapsodia de una noche ventosa", SUR, n. 29, fev. de 1937, pp. 43-6, em tradução de Julio Irazusta; "Miércoles de ceniza", SUR, n. 48, set. 1938, pp. 20-9; "Poesia en tiempos de guerra", SUR, n. 99, dez. 1942, pp. 27-9.

108. "Sobre el doblaje", SUR, n. 128, jun. 1945 (*Discusión*, pp. 283-4).

109. Acerca das contribuições de Borges no suplemento, ver Annick Louis, *Jorge Luis Borges: oeuvre et manoeuvres*. Paris: L'Harmattan, 1997.

110. H. Bustos Domecq, "Las doce figuras del mundo", SUR, n. 88, jan. 1942, pp. 36-52; "Las noches de Goliadkin", SUR, n. 90, mar. 1942, pp. 34-50.

111. Sergio Miceli, "Jorge Luis Borges – História social de um escritor nato". In: *Vanguardas em retrocesso*, pp. 61-71.

112. Jorge Luis Borges, *Feuilletons du samedi, contributions de Jorge Luis Borges à la Revista Multicolor de los Sábados du jornal Crítica, 1933-1934*. Monaco: Éditions du Rocher, 2001; Jorge Luis Borges, *Borges en El hogar, 1935-1938*. Buenos Aires: Emecé, 2000.

113. Jorge Luis Borges, "Pierre Menard, autor del Quijote", SUR, n. 56, maio 1939, pp. 7-16 (*Ficciones* [1944]. In: *Obras Completas. 1923-1949*. vol. I, Buenos Aires: Emecé, 2001, pp. 444-50).

114. A revista concedia espaço considerável a comentários de autores e correntes da fenomenologia, assinados por peritos nativos em filosofia: Carlos Astrada, "De Kierkegaard a Heidegger", SUR, n. 25, out. 1936, pp. 50-9; Francisco Romero, "Pérdida y recuperación del sujeto en Husserl", SUR, n. 26, nov. 1936, pp. 117-20; "Actualidad de la ontologia", SUR, n. 28, jan. 1937, pp. 83-6; Emile Gouiran (filósofo católico francês, radicado na Argentina, docente em Córdoba), "Prolegómenos a una filosofia de la existencia – La crisis del pensamiento occidental", SUR, n. 27, dez. 1936, pp. 73-87; "Prolegómenos a una filosofia de la existencia – II. Orden social y orden existencial", SUR, n. 28, jan. 1937, pp. 65-74; "Prolegómenos a una filosofia de la existencia – III y último. Orden personal y orden existencial", SUR, n. 29, jan. 1937, pp. 80-8; "El problema metafísico", SUR, n. 56, maio 1939, pp. 72-5; Rafael Virasoro, "Sobre concepto y valoración del espíritu: Klages y Scheler", SUR, n. 54, mar. 1939, pp. 35-6; "Filosofia contemporánea", SUR, n. 91, abr. 1942, pp. 63-7, resenha do livro de Francisco Romero sobre

Heidegger, Husserl e Scheler, entre outros; Carlos Alberto Erro, "La filosofia existencial", *SUR*, n. 66, mar. 1940, pp. 56-73, conferência pronunciada em Amigos del Arte.

115. Jorge Luis Borges, "La doctrina de los ciclos", *SUR*, n. 20, maio 1936, pp. 20-9 (*Historia de la eternidad* [1935]. In: *Obras Completas*. Vol. I, pp. 385-92); "Los avatares de la tortuga", *SUR*, n. 63, dez. 1939 (*Discusión* [1932]. In: *Obras Completas*. Vol. I, pp. 254-8); "El espejo de los enigmas", *SUR*, n. 66, mar. 1940, pp. 74-6 (*Otras inquisiciones* [1952]. In: *Obras Completas, 1952-1972*. Vol. II. Buenos Aires: Emecé, pp. 98-100).

116. Jorge Luis Borges, "Leopoldo Lugones", *SUR*, n. 41, fev. 1938, pp. 57-8 (*Borges en SUR*, pp. 151-2).

117. "O essencial em Lugones era a forma. Suas razões quase nunca tinham razão; seus adjetivos e metáforas, quase sempre. Daí a conveniência de buscá-lo naqueles lugares de sua obra não maculados de polêmica [...] ou em algum admirável conto fantástico [...] ou naquele *Lunario sentimental* que é o arquétipo inconfessado da poesia profissionalmente 'nova' do continente", ed. cit., p. 152.

118. Bioy Casares está aludindo ao texto que condensa a ortodoxia universalista e ahistórica de Borges em matéria de ontologia literária: Jorge Luis Borges, "El escritor argentino y la tradición". In: *Discussión*, pp. 267-74, versão de aula proferida no Colegio Libre de Estudios Superiores.

119. Adolfo Bioy, *Antes del novecientos*, 1958; *Años de mocedad (recuerdos)*. Buenos Aires: Editorial Nuevo Cabildo, 1963.

120. A empresa dos Casares, La Martona, fazia anúncios frequentes nos primeiros anos de *SUR*.

121. Adolfo Bioy Casares, *Prólogo*. Buenos Aires: Biblos, 1929; *Diecisiete disparos contra el porvenir*. Buenos Aires: Tor, 1933; *La nueva tormenta*, ilustrado por Silvina Ocampo; *La estatua casera*, 1936; *Luis Greve, muerto*, 1937; *La invención de Morel*, 1940; Jorge Luis Borges, Silvina Ocampo e Adolfo Bioy Casares, *Antología de la literatura fantástica*, 1940; *Antología poética argentina*, 1941; H. Bustos Domecq, *Seis problemas para don Isidro Parodi*, 1942; B. Suárez Lynch, *Un modelo para la muerte*, 1946.

122. Adolfo Bioy Casares, *Memorias: infancia, adolescencia, y cómo se hace un escritor* (Barcelona: Tusquets Editores, 1994), volume que estampa, na capa e na contracapa, fotos coloridas do escritor, de botas e com roupa de montaria, na sela de cavalos de raça, na estância paterna em Pardo, província de Buenos Aires; o caderno de imagens inclui fotos de Ajax.

123. Adolfo Bioy Casares, "Jorge Luis Borges: *El jardín de senderos que se bifurcan*", *SUR*, n. 92, maio 1942, pp. 60-4.

124. As frases citadas do ensaísta, crítico e contista Enrique Anderson Imbert (1910-2000) constam de seu depoimento no número especial "Desagravo

a Borges", *SUR*, n. 94, jul. 1942, p. 25, motivado pela não concessão do Prêmio Nacional a *El jardín de senderos que se bifurcan*, pela Comissão Nacional de Cultura.

125. Afora a divulgação de textos ficcionais de Faulkner, Caldwell, Steinbeck, *SUR* privilegiou a literatura norte-americana contemporânea por meio de artigos e de resenhas: Gorham Munson, "La novela norteamericana de postguerra", *SUR*, n. 4, set.-dez. 1931, sobre os novelistas Theodore Dreiser, Sinclair Lewis, Ernest Hemingway e Francis Scott Fitzgerald; Herminia Hallan Hipwell, "La América del Norte a través de los ojos de su juventud – notas a las obras de Ernest Hemingway y William Faulkner", *SUR*, n. 5, dez.-mar. 1932; Maurice Edgar Coindreau (professor em Princeton), "Panorama de la actual literatura joven norteamericana", *SUR*, n. 30, mar. 1937, pp. 49-65; "John Steinbeck, novelista de California", *SUR*, n. 42, mar. 1938, pp. 7-19; "Erskine Caldwell", *SUR*, n. 76, jan. 1941, pp. 77-99; "Erskine Caldwell (Conclusión)", *SUR*, n. 77, fev. 1941, pp. 49-59; J. Donald Adams, "La novela en los Estados Unidos", *SUR*, n. 41, fev. 1938, pp. 51-6; Maria Rosa Oliver, "La novela norteamericana moderna", *SUR*, n. 59, ago. 1939, pp. 33-47; "Ernest Hemingway: 'For whom the bell tolls'", *SUR*, n. 76, jan. 1941, pp. 111-20; Waldo Frank, "El corazón de la literatura norteamericana moderna", *SUR*, n. 95, ago. 1942, pp. 7-23; Arturo Suárez Piva, "William Faulkner: 'Luz de Agosto'", *SUR*, n. 98, nov. 1942, pp. 75-6.

126. Sergio Miceli, "Poder, sexo e letras na República Velha (estudo clínico dos anatolianos)". In: *Intelectuais à brasileira*. São Paulo: Companhia das Letras, 2001, pp. 13-68.

Sexo, voz e abismo [p. 96]

1. Ver Alberto J. Brignole e José María Delgado, *Vida y obra de Horacio Quiroga*, Montevidéu, 1939; Noé Jitrik, *Horacio Quiroga, una obra de experiencia y riesgo*. Buenos Aires: Ediciones Culturales Argentinas, 1959 (cronologia por Oscar Masotta e Jorge R. Laforgue; bibliografia por Horacio Jorge Becco); Pedro Orgambide, *Horacio Quiroga. El hombre y la obra*, Buenos Aires, 1954; Emir Rodríguez Monegal, *Genio y figura de Horacio Quiroga*. Buenos Aires: Editorial Universitaria de Buenos Aires, 1967; *El desterrado, vida y obra de Horacio Quiroga*. Buenos Aires: Editorial Losada S.A., 1968; Ezequiel Martínez Estrada, *El Hermano Quiroga*. Montevidéu, 1957; Beatriz Sarlo, "Horacio Quiroga y la hipótesis técnico-científica". In: *La imaginación técnica, sueños modernos de la cultura argentina*. Buenos Aires: Ediciones Nueva Visión, 1992, pp. 21-42; Nora Avaro, "El relato de la 'vida intensa' en los 'cuentos de monte' de Horacio Quiroga".

In: Noé Jitrik (dir.), *Historia Crítica de La literatura argentina*, vol. 6, "El imperio realista": María Teresa Gramuglio (org.), Buenos Aires: Emecé editores, 2002, pp. 179-200; Carlos Dámaso Martínez, "Horacio Quiroga: la búsqueda de una escritura". In: David Viñas (dir.), *Yrigoyen entre Borges y Arlt (1916-1930)*. Buenos Aires: Paradiso/Fundación Crónica General, 2006, pp. 192-9; Horacio Tarcus (ed.), *Cartas de una hermandad: Leopoldo Lugones, Horacio Quiroga, Ezequiel Martínez Estrada, Luis Franco, Samuel Glusberg*. Buenos Aires: Emecé, 2009; Horacio Quiroga, *Todos los cuentos*, edição crítica, org. de Napoleón Bascino Ponce de León e Jorge Laforgue, 2ª ed., 1996.

2. Horacio Quiroga, *Diario de viaje a Paris*, introd. e notas de Emir Rodrígues Monegal. Montevidéu: Número, 1950; *Diario y correspondência*. Buenos Aires: Editorial Losada S.A., vol. V/ Obras, 2007. Quiroga passou fome e necessidade em Paris, tendo de tomar dinheiro emprestado para retornar ao Uruguai. Voltou magro, envelhecido, e com a barba que adotou para toda a vida. Existem muitas versões enfeitadas acerca dessa temporada parisiense, nenhuma delas tão reveladora como o diário redescoberto em 1949.

3. Emir Rodríguez Monegal, *El desterrado ...*, op. cit., p. 89.

4. Ver Arturo Capdevila, *Epoca, dolor y obra de la poetisa Alfonsina Storni*. Buenos Aires: Ediciones Centurion, 1948; Conrado Nalé Roxlo e Blanca Mármol, *Genio y figura de Alfonsina Storni*. Buenos Aires: Editorial Universitaria de Buenos Aires, 1964; Carlos Alberto Andreola, *Alfonsina Storni, vida-talento-soledad*. Buenos Aires: Editorial Plus Ultra, 1976; Josefina Delgado, *Alfonsina Storni, una biografía*. Buenos Aires: Planeta, 1990; Julieta Gómez Paz, *Leyendo a Alfonsina Storni*. Buenos Aires: Editorial Vinciguerra, 1992; Ana Silvia Galán e Graciela Gliemmo, *La otra Alfonsina*. Buenos Aires: Aguilar, 2002; Tania Pleitez, *Alfonsina Storni, mi casa es el mar*. Madri: Espasa Calpe, 2003; Delfina Muschietti, "Mujeres: feminismo y literatura". In: David Viñas, *Yrigoyen entre Borges y Arlt (1916-1930)*, op. cit., pp. 111-36; Alfonsina Storni, *Obras/Poesía*. Tomo I. Prefácio e organização de Delfina Muschietti. Buenos Aires: Editorial Losada S.A., 1999; *Obras/Prosa: narraciones, periodismo, ensayo, teatro*. Tomo II. Prefácio e organização de Delfina Muschietti. Buenos Aires: Editorial Losada S.A., 2002.

5. Alfonsina Storni, *La inquietud del rosal* (Buenos Aires: Juan Roldán, 1916), edição de quinhentos exemplares custeados pela autora, tendo merecido resenha na revista *Nosostros*.

6. Alfonsina Storni, *El dulce daño* (Buenos Aires: Cooperativa Editorial Buenos Aires, 1918), edição patrocinada por Manuel Gálvez; segunda edição em 1920.

7. Alfonsina Storni, *Irremediablemente...* (Buenos Aires: Cooperativa Editorial Buenos Aires, 1919), também editado por Gálvez; segunda edição em 1920.
8. Alfonsina Storni, *Languidez* (Buenos Aires: Cooperativa Editorial Buenos Aires, 1920), edição que logo se esgotou, outra vez bancada por Gálvez; recebeu o Primeiro Prêmio Municipal de Poesia. Nesse ano, publica-se, em Buenos Aires (Imprenta Cappellano), um volume de suas poesias em italiano.
9. Ver Tania Diz, *Alfonsina periodista, ironia y sexualidad en la prensa argentina (1915-1925)*. Buenos Aires: Libros del Rojas/Universidad de Buenos Aires, 2006.
10. Alfonsina Storni, *Obras/Prosa*, pp. 801-96.
11. Ibidem, pp. 897-1002.
12. "Y la mujer dulce, exquisita, íntima, que a sus condiciones naturales de mujer une las agregadas por lo más elevado del pensamiento, exalta un tipo femenino insustituible: el que ha de ser señor de la vida, como lo fue alguna vez la belleza plástica, exterior, decorativa." In: Alfonsina Storni, op. cit., p. 936.
13. Quiroga era um curioso (dissecava animais), um leitor fanático de manuais técnicos, um conhecedor de física e química industriais, um inventor inveterado (criou um aparato para matar formigas etc.) e também exercia como amador certas funções profissionais carentes de pessoal na região: barbeiro, pedreiro, alfaiate, cirurgião.
14. A esse respeito, ver o ensaio de Horacio Tarcus, "Un estudio de afinidad electiva". In: Horacio Tarcus (ed.), *Cartas de una hermandad: Leopoldo Lugones, Horacio Quiroga, Ezequiel Martínez Estrada, Luis Franco, Samuel Glusberg*. Buenos Aires: Emecé, 2009, pp. 11-69.
15. Eglé nasceu em 1911 e Darío em 1912.
16. Nascido em 1898, na Rússia, filho de um rabino que imigrou por conta dos pogroms, Samuel Glusberg foi trazido à cena cultural pelo tio sionista e socialista, por cujo intermédio se aproximou de escritores, entre os quais Lugones e Quiroga. No campo editorial, com empréstimo do tio, começou lançando uma coleção de folhetos baratos, com textos de escritores prestigiosos – Amado Nervo, Lugones, Quiroga, Fernández Moreno, Payró, Alfonsina Storni – tendo alcançado notável sucesso de vendas. Em 1922, Glusberg fundou a editora Babel (sigla de Biblioteca Argentina de Buenas Ediciones Literarias), tornando-se o editor exclusivo de Lugones. Em apenas uma década de atividade, constituiu um catálogo com autores modernistas e de outras tendências, entre os quais todos os companheiros da irmandade lugoniana. Também fundou revistas literárias – *Babel*, revista de arte e crítica (1921-1928), *La vida literaria* (1928-1932) –, nas quais

colaboraram os amigos de sempre, acrescidos por uma rede de escritores latino-americanos. Entre 1923 e 1929, Glusberg editou oito livros de Quiroga pelo selo Babel: *El salvaje*, s.d.; *Historia de un amor turbio*, 1923; *El desierto*, 1924; *Anaconda*, 1924; *Cuentos de amor, de locura y de muerte*, 1925; *La gallina degollada y otros cuentos*, 1925; *Los desterrados. Tipos de ambiente*, 1926, 2ª ed., 1927; *Pasado amor*, 1929. A novela *Pasado amor* fora publicada, em fascículos, no jornal *La Nación*, en 1927.

17. Refiro-me aos escritores Ezequiel Martínez Estrada e Luis Franco.
18. Em 1925, a editora espanhola Calpe lança uma antologia de seus contos, *La gallina degollada*.
19. *Más Allá* foi editado por uma cooperativa organizada por César Tiempo e premiado pelo Ministério da Educação.
20. Dados compulsados por Pablo Rocca no terceiro volume das *Obras completas. Cuentos I*. Buenos Aires: Losada, 2002. Ver também Horacio Quiroga, *Todos los cuentos*, op. cit., que reúne 211 contos.
21. Eis alguns versos nesse veio no poema "Claror lunar". In: *Obras/Poesía*, op. cit., p. 54.
    "Lirios, lirios, más lirios... llueven lirios...
    La noche es blanca como la ilusión [...]
    Hay una vaga claridad de círios...
    La luna es una hóstia en comunión [...]"
22. Tormento tematizado no poema "¿Vale La pena?", op. cit., pp. 102-3:
    "No vale, no, la pena... Preferible es entonces
    Abrirse el corazón a golpe de puñal
    Y destruir con la muerte, salvadora y fatal,
    El corazón tan frio como entraña de bronce...
    [...]
    No vale, no, la pena soportar esta vida [...]
    Y es mejor desangrarse a golpe de puñal
    Y entrar pronto a la senda donde todo se olvida..."
23. Versos das estrofes finais do poema "Fuerza blanca", op. cit., pp. 141-2:
    "Hombre negro: ¿qué dices de la blanca paloma
    Garra toda de lírios, fuerza toda de aroma,
    Que con flores te dobla las manos de titán?
    ¡Oh, mátala si puedes, rey negro de la selva!
    ¡Oh, mátala y que luego tu libre mano vuelva
    Taladora a sus mañas!... ¿Lloras, orangután?"
24. Versos do poema "Presentimiento", op. cit., p. 152:
    "Tengo el presentimiento que he de vivir muy poco.
    [...]
    Para acabarme quiero que una tarde sin nubes,

Bajo el límpido sol,
Nazca de un gran jazmín una víbora blanca
Que dulce, dulcemente, me pique el corazón."

25. Alfonsina Storni, op. cit., pp. 157-8:
"Quiero muerta y helada, estatua nieve y nácar
Un supremo cortejo todo blanco de rosas:
[...]
Mi cuerpo y Dios de frente caminarán a solas
Hacia el mar, hacia el mar, hacia el mar! [...]"

26. "Inicia este conjunto, en parte, el abandono de la poesia subjetiva, que no puede ser continuada cuando un alma há dicho, respecto de ella, todo lo que tenia que decir, por lo menos en un sentido. Tiempo y tranquilidad me han faltado, hasta hoy, para desprenderme de mis angustias y ver así lo que está a mi alrededor". In: Alfonsina Storni, op. cit., p. 213.

27. Versos do poema "El ruego", op. cit., pp. 246-7:
"Que está la tarde ya sobre mi vida,
Y esta pasión ardiente y desmedida
La he perdido, Señor, haciendo versos!"

28. Alfonsina Storni, op. cit., pp. 259-61.

29. Alfonsina Storni, op. cit., pp. 227 e 232.

30. Alfonsina Storni, *Poemas de amor* (Buenos Aires: Nosotros, 1926). O livro alcançou três edições em curto espaço de tempo; a tradução francesa de Max Daireaux, *Poèmes d'amour*, saiu no mesmo ano.

31. Alfonsina Storni, op. cit., p. 613.

32. Trata-se da comédia em três atos *El amo del mundo*, estreada em 10 de março de 1927 pela companhia Fanny Brena. Alfonsina escreveu *Polixena y la cocinerita*, farsa trágica em prosa e verso, um ato e um epílogo, para ser representada pela famosa declamadora Berta Singerman, amiga íntima e profissional habituada a recitar seus poemas.

33. Alfonsina Storni, *Mundo de siete pozos*. Buenos Aires: Tor, 1934 (2ª ed.: Tor, 1935).

34. Versos do poema "Retrato de un muchacho que se llama Sigfrido", op. cit., pp. 346-8:
"Que se llama Sigfrido
Tu nombre suena
como los cuernos de caza
despertando las selvas vírgenes.
Y tu nariz aleteante,
triángulo de cera vibrátil,
es la avanzada
de tu beso joven [...]"

35. Alfonsina Storni, op. cit., pp. 348-50:
"[...] Mi lengua:
Madura...
Ríos floridos
bajan de sus pétalos.
[...]
Mi cuerpo: estalla.
Cadenas de corazones
le ciñen la cintura.
La serpiente inmortal
se le enrosca al cuello..."
36. Alfonsina Storni, op. cit., pp. 360-1:
"¿Me siente acaso? ¿Sabe que está sobre
su tenso cuello este deseo mío
de deslizar la mano suavemente
por el hombro potente?"
37. Alfonsina Storni, *Mascarilla y trébol, círculos imantados*. Buenos Aires: Mercatali, 1938.
38. Eis o fecho do introito: "es como si un corazón sensiblemente agitado y estallante se empeñara en querer certificar que las mareas que lo turban suben de sus legítimos torrentes". In: Alfonsina Storni, *Obras/Poesia*, op. cit., p. 394.
39. Alfonsina Storni, op. cit., p. 402:
"Debe existir una ciudad de musgo
[...]
Y unos frios espejos en la yerba
[...]
[...] y una niña muerta
que va pensando sobre pies de trébol.
[...]
nacientes hojas, sobre el blando limo."
40. Alfonsina Storni, op. cit., p. 407:
"Henchida estaba mi garganta de aire
reverdecido y exultantes ojos
me modelaban por que bien muriese."
41. Alfonsina Storni, op. cit., p. 409:
"Ya os escucho de nuevo, desasida,
y tú el pequeño mío, cómo cantas
en mi balcón: 'por qué me abandonaste?'" ("Regreso a mis pájaros")
42. Alfonsina Storni, op. cit., p. 411, versos do poema "Gran cuadro":
"No; no era un cuadro aún para pintores

>   de mucho fuste, pero entré en la tela
>   y ágil movió la muerte sus pinceles."
43. Alfonsina Storni, op. cit., pp. 417-8:
>   "Enciende el sol su mediodía y, solo,
>   se yergue un luto en la yacente losa
>   [...]
>   En vano afuera el llanto clama al muerto;
>   cuesta abajo rodando en sus neveras
>   ni en gases deletéreos ya responde."
44. Reproduzido em Alfonsina Storni, *Obras/Poesía*, op. cit., p. 7.
45. Foto reproduzida em Carlos Alberto Andreola, op. cit., p. 205.
46. Retrato reproduzido em Alfonsina Storni, op. cit., p. 428.
47. Retrato reproduzido em Alfonsina Storni, op. cit., p. 601.
48. Retrato reproduzido em Conrado Nalé Roxlo e Mabel Mármol, *Genio y figura de Alfonsina Storni*, op. cit., p. 56, o close do rosto estampado na capa do livro; também reproduzido, com definição superior, em Tania Pleitez, op. cit., p. 2 do caderno de imagens.
49. Reproduzido em Alfonsina Storni, op. cit., p. 602. Existe uma foto idêntica da mão direita de Quiroga segurando a pena comprida sobre a folha, o punho branco da camisa de abotoadura, reproduzida em Emir Rodríguez Monegal, op. cit., p. 71.
50. Reproduzido em Alfonsina Storni, op. cit., p. 105. A foto é de 1925.
51. Foto reproduzida em Tania Pleitez, op. cit., p. 3 do caderno de imagens.
52. Reproduzido em Conrado Nalé Roxlo e Mabel Mármol, op. cit., p. 71. A foto constou de reportagem publicada na revista *Caras y Caretas*, em 2 de outubro de 1925.
53. Reproduzida em Conrado Nalé Roxlo e Mabel Mármol, op. cit., p. 83.
54. Reproduzida em Conrado Nalé Roxlo e Mabel Mármol, op. cit., p. 96.
55. Reproduzida em Alfonsina Storni, op. cit., p. 477.
56. Alfonsina Storni, *Obras/Prosa*, op. cit., p. 836.
57. Retrato reproduzido em Alfonsina Storni, op. cit., p. 276.
58. Alguns desses retratos estão reproduzidos em Horacio Quiroga, *Diario y correspondência*, vol. V, op. cit., pp. 4, 76 e 310; a foto da urna funerária de Quiroga, de Stefan Erzia, está reproduzida em Emir Rodríguez Monegal, *Genio y figura de Horacio Quiroga*, op. cit., p. 185.
59. Fotos do jovem Quiroga imberbe, aos dezessete e aos vinte anos, e com roupagem de esgrimista, estão reproduzidas em Emir Rodríguez Monegal, op. cit., pp. 30; 34-5.
60. Foto reproduzida em Emir Rodríguez Monegal, op. cit., p. 47.
61. Foto reproduzida em Emir Rodríguez Monegal, op. cit., p. 63.

62. Fotos reproduzidas em Emir Rodríguez Monegal, op. cit., pp. 128-9; 136-7; 162-3.
63. Ver a foto reproduzida em Emir Rodríguez Monegal, op. cit., p. 112, em que o escritor parece um personagem de Dostoiévski.
64. Reproduzida em Horacio Quiroga, *Diario y correspondência*, vol. V, op. cit., p. 250.
65. Fotos reproduzidas em Emir Rodríguez Monegal, op. cit., pp. 2 e 187.
66. A foto de Prudencio Quiroga está reproduzida em Emir Rodríguez Monegal, op. cit., p. 13.
67. Reproduzido in Emir Rodríguez Monegal, op. cit., p. 83.
68. Ver Horacio Quiroga, *Diario y correspondência*. Vol. V, op. cit., pp. 357--442, e Horacio Tarcus (ed.), *Cartas de una hermandad*, op. cit., pp. 153-214.
69. Alfonsina dedicou-lhe o poema "La Colonia a medianoche", in *Mascarilla y trébol...*, op. cit., pp. 399-400.
70. Alfonsina Storni, op. cit., pp. 566-7:
"Pasando el río grande
esa que te ama
no se muere...
verdea como las ramas" (1938)
71. "No te escribo yo porque me siento un poco cansada. Hago escribir con la mucamita. Sueñame que me hace falta. Te escribo tan solo para que veas que te quiero. Te besa cariñosamente tu hermana, Alfonsina Storni." In: Conrado Nalé Roxlo y Mabel Mármol, op. cit., p. 165.
72. Algumas fontes sustentam que o poema – epígrafe deste artigo – fora escrito antes desse transe.
73. Os detalhes mobilizados no texto procedem das fontes biográficas já mencionadas, em especial de Carlos Alberto Andreola, *Alfonsina Storni...*, op. cit., pp. 167-202.
74. Alfonsina Storni, op. cit., p. 600. O repertório de vocábulos e de imagens nesse poema retoma na íntegra a atmosfera depressiva do último livro, *Mascarilla y trébol*, aqui levada ao paroxismo. O procedimento consiste em transfigurar o corpo – "dentes de flores", "manos de hierbas" –, e os objetos – "cofia de rocio", "edredón de musgos encardados" –, ou então, em enunciar a fantasia do sumiço do mundo social na natureza, com a lâmpada de cabeceira sendo substituída pelas estrelas.
75. Salvadora Medina Onrubia de Botana, esposa de Natalio Botana, editor--proprietário do diário portenho *Crítica*, amiga íntima da poetisa, havia cuidado dela após a cirurgia em 1935.
76. Reproduzida em Carlos Alberto Andreola, op. cit., p. 192.

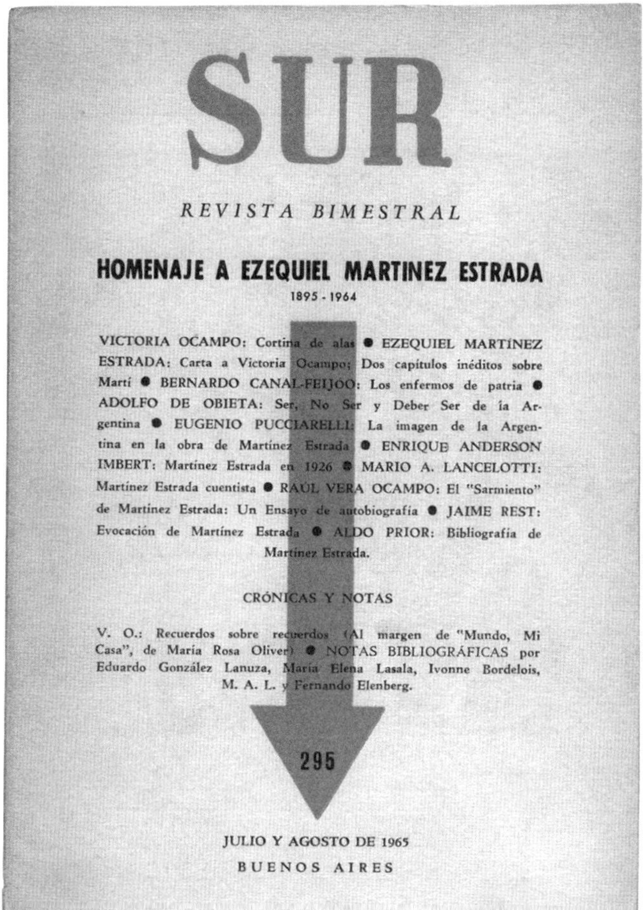

Capa da revista *SUR*, de 1965.

Francisco Romero, Eduardo Bullrich, Guillermo de Torre, Pedro Henríquez Ureña, Eduardo Mallea, Norah Borges, Victoria Ocampo, Enrique Bullrich, Jorge Luis Borges, Oliverio Girondo, Ramón Gómez de la Serna, Nenona Padilla, María Rosa Oliver, Ernesto Ansermet. Fundação SUR, no bairro portenho de Palermo, em 1931.

A Villa Ocampo.

Villa Victoria, casa de veraneio de Victoria Ocampo em Mar del Plata.

Victoria Ocampo em 1925.

Victoria Ocampo em Buenos Aires, em 1942.

Alfonsina Storni (foto sem data).

Retrato de Alfonsina realizado por Emilio Centurión, entre 1922 e 1923.

Alfonsina em 1924.

Alfonsina em sua casa no bairro de Belgrano, em 1925.

Alfonsina no início dos anos 1920.

Alfonsina no Hotel Castelar, em Buenos Aires, no início dos anos 1930.

Quiroga (fotos sem data).

Horacio Quiroga em tela pintada por Vladimiro Collazo, 1996.

Caricatura de Horacio Quiroga, por Jaime Clara.

Índice onomástico

A

A Ordem, 10
Adams, J. Donald, 152n
Alberti, Rafael, 136n, 142n
Alonso, Amado, 148n
Alonso, Fernando, 133n
Altamirano, Carlos, 130n, 134n
Altolaguirre, Manuel, 141-2n
Alvear, Marcelo Torcuato de, 9, 39, 70
Amorim, Enrique, 49, 137n
Anderson, Sherwood, 143n
Andrade, Carlos Drummond de, 34, 65, 145n
Andrade, Mário de, 34, 65, 142n, 145n
Andreola, Carlos Alberto, 131n, 153n, 158-9n
Andreu, Pierre, 139n
Ansermet, Ernesto, 162
Aramburu (família), 46
Arciniegas, Germán, 49
Arenale (família), 46
Arenales, Juan Antonio Álvarez de, 136n
Arlt, Roberto, 25-6, 28, 34, 43
Arrieta, Rafael Alberto, 131n
Assis, Machado de, 21
Astrada, Carlos, 150n
Atlántida, 101, 109
Avaro, Nora, 152n
Ayerza, Maria Teresa Marietta, 45, 136n

B

Babel, 104, 111, 154n
Bandeira, Manuel, 34, 65, 145n
Barbado, António Sánchez, 147n
Barili, Amelia, 131n
Barroso, Pilar Saavedra, 47
Bastos, María Luisa, 148n
Beaumont, Emile (barão de Erlanger), 51
Beaumont, Liliane Marie Mathilde *ver* Baba de Faucigny-Lucinge
Beckett, Samuel, 94
Béjar, María Dolores, 134n
Benda, Julien, 55-6, 74, 141n, 147n
Berdiaeff, Nicolás, 60, 74, 147n
Bergamín, José, 53
Bergman, Ingrid, 150n
Bernanos, Georges, 60, 143n
Bernárdez, Francisco Luis, 25
Berro, Adolfo, 30
Bianchi, Alfredo, 103
Bianco, José, 74-6, 89, 136n, 147n
Bioy Casares, Adolfo, 74-6, 81, 86-7, 89, 148n, 151n
Bioy, Adolfo, 87, 151n
Bloy, Léon, 61
Bolívar, Simon, 144n, 147n
Bombal, Maria Luisa, 75
Bordabehere, Enzo, 39
Borges, Guillermo Juan, 131n

Borges, Jorge Luis, 12, 14-5, 22, 24-5, 28-9, 38, 40, 50, 60, 63, 66, 68, 72, 74-90, 92-4, 97, 111, 131-2n, 141-6n, 148-1n, 162
Borges, Norah, 142n
Botana, Helvio, 132n
Botana, Natalio, 26, 30, 32, 128, 159n
Botana, Salvadora Medina Onrubia de, 31, 40, 159n
Bourget, Paul, 52, 56
Braga, Rubem, 34
Bravo, Manuel Álvarez, 137n
Bravo, María Elena, 125
Breton, André, 56
Brignole, Alberto, 99, 101, 152n
Brum, Baltasar, 110
Bullrich, Adolfo Jorge, 46
Bullrich, Eduardo Francisco, 46
Bullrich, Eduardo J., 41, 44, 46, 162
Bullrich, Enrique Eliseo, 41, 44, 46, 50, 136n, 162
Bullrich, Rafael, 136n
Bunes, Alfonso, 49
Bustillo, Alejandro, 49

C

Caillois, Roger, 49, 56, 62, 75, 135n, 143-4n, 148n
Caimari, Lila M., 139n
Caldwell, Erskine, 152n
Campillo, Evelyne Lopez, 139n
Campos, Humberto de, 34
Campos, Paulo Mendes, 34
Cané, Miguel, 68
Cansinos-Assens, Rafael, 22
Cantier, Jacques, 139n
Capanema, Gustavo, 37
Capdevila, Arturo, 103, 153n
Caras y Caretas, 101, 104, 109, 122, 158n
Cardoso, Lúcio, 91

Carril, Adelina Del, 30, 132n
Casares, Marta, 87
Castellani, Leonardo, 144n
Castillo, Laura Ayerza de, 135n, 182
Castro, Américo, 76
Castro, María Eugenia, 11
Cattaruzza, Alejandro, 134n
Céline, Louis-Ferdinand, 55
Centurión, Emilio, 104, 123-5, 167
Cézanne, Paul, 46
Chacel, Rosa, 141n
Chaplin, Charles, 149n
Chesterton, Gilbert Keith, 73, 76, 83
Chestov, Léon, 61, 143n
Christie, Agatha, 81
Clara, Jaime, 172
Claridad, 30, 125
Claudel, Paul, 55, 60
Coindreau, Maurice Edgar, 152n
Colette, Sidonie Gabrielle, 121
Collazo, Vladimiro, 171
Connelly, Marc 149n
Conrad, Joseph, 149n
Copola, Horacio, 137n
Cornick, E. Martyn, 141n
Couto, Ribeiro, 65
Crémieux, Benjamin, 55, 141n
Criterio, 40, 53, 58-60, 62, 139n
Crítica, 26, 30-2, 39-40, 43, 72, 132n, 146n, 159n
Cruz y Raya, 53
Cutolo, Vicente Osvaldo, 136n

D

Daireaux, Max, 156n
Darío, Rubén, 21, 112-3
Davis, Bette, 149n
Degas, Edgar, 46
Delgado, José María, 152n
Delgado, Josefina, 153n

Di Cavalcanti, Emiliano, 19 , 137n
Diehl, Adán, 46
Dieste, Rafael, 144n
Dietrich, Marlene, 83
Diz, Tania, 154n
Doll, Ramón, 146n
Domecq, H. Bustos (pseudônimo da parceria Jorge Luis Borges e Adolfo Bioy Casares), 81, 87, 150-1n
Donghi, Tulio Halperin, 40, 133n
Dostoiévski, Fiodor, 90
Doyle, Arthur Conan, 81
Dreiser, Theodore, 91, 152n
Duhamel, Georges, 147n
Durelli, Augusto J., 142n, 144n

E

El Diário, 27, 30, 132n
El Hogar, 43, 83, 101, 109, 122
El Mundo, 31, 132n
El Pueblo, 132n
Eliot, Thomas Stearns, 79-80, 143n, 150n
Elizalde, Elena Sansinena de, 129n
Engels, Friedrich, 62
Erro, Carlos Alberto, 49, 68, 72, 143--4n, 151n
Erzia, Stefan, 158n
Escude, Carlos, 131n
Espina, Antonio, 142n
Esprit, 60, 143n
Estrada, Ezequiel Martínez, 50, 68, 72, 111, 126, 138n, 152n, 155n

F

Farrell, Edelmiro Julián, 66
Faucigny-Lucinge, Baba de, 51
Faucigny-Lucinge, Jean-Louis de, 52
Faulkner, William, 152n
Feijóo, Bernardo Canal, 72, 146-7n
Felgine, Odile, 135n, 182
Fernández, Macedonio, 25, 82
Fernández, Ramón, 55, 141n, 147n
Ferrando, Federico, 100
Ferrero, Guglielmo, 147n
Figari, Pedro, 45-6, 137n
Fioravanti, José, 147n
Fiorucci, Flavia, 134n
Fitzgerald, Francis Scott, 152n
Fleming, Victor, 150n
Fondane, Benjamin, 61, 143n
Ford, John, 149n
Franceschi, Gustavo , 59
Franco, Francisco, 53, 56-7, 59, 140n, 142n
Franco, Jean, 130n
Franco, Luis, 155n
Frank, Waldo, 56, 67, 71-2, 145-6n, 152n
Freyre, Gilberto, 93

G

Galán, Ana Silvia, 153n
Galvão, Patrícia (Pagu), 23
Gálvez, Delfina Bunge de, 68, 103
Gálvez, Manuel, 39, 68, 70, 101, 110, 134n, 153-4n
Garaño, Alejo González, 41, 44, 46, 136n
Garaño, Alfredo González, 41, 44-6
Garaño, Celina González, 41, 44, 46, 136n
Garbo, Greta, 80
Garcés, Tomas, 137n
Gide, André, 47, 54-6, 74, 135n, 140n, 142n
Girondo, Oliverio, 24-5, 41, 44, 46, 52, 136n, 162

Giusti, Roberto, 103
Gleizer, Manuel, 26, 30
Gliemmo, Graciela, 153n
Glusberg, Samuel, 30, 36, 110-1, 155n
Godebski, Jean, 51
Godebski, Xavier Cyprien, 51
Gogol, Nikolai, 90
Gouiran, Emile, 139n, 141n, 146n 150n
Gramuglio, María Teresa, 38, 133n
Grover, Frédéric, 139n
Guevara, José, 39
Guglielmini, Homero, 70, 146n
Guignard, Alberto da Veiga, 19, 65
Guillén, Jorge, 142n
Güiraldes, Ricardo, 25-6, 29-30, 37, 46, 77, 132n, 136n

H

Hanke, Lewis, 49
Heard, Gerald, 67, 145n
Heidegger, Martin, 143n, 151n
Helleu, Paul-César , 137n
Hemingway, Ernest, 91, 143n, 152n
Henreid, Paul, 149n
Hipwell, Herminia Hallan, 152n
Hitchcock, Alfred, 79, 149n
Hitler, Adolf, 63
Holanda, Sergio Buarque de, 93
Hora de España, 62, 147n
Hugo, Jean, 51
Hugo, Valentine Gross, 51, 139n
Hugo, Victor, 51
Husserl, Edmund, 151n
Huxley, Aldous, 74, 142n, 147n

I

Ibarguren, Carlos, 39, 70, 134n
Imbert, Enrique Anderson, 88, 151n

Irazusta, Julio, 39, 52, 62-3, 69-70, 74, 135n, 139n, 145-6n
Irazusta, Rodolfo, 63, 70, 135n

J

Jíménez, Juan Ramón, 142n
Jitrik, Noé, 130n, 152n
Jolas, Eugene, 143n
Jouhandeau, Marcel, 55
Jourde, Raul, 49
Jouvet, Louis, 139n
Joyce, James, 94
Justo, Agustín Pedro, 47, 58, 69
Justo, Alicia Moreau de, 11

K

Kafka, Franz, 94
Kertzer, David I., 142n
Keyserling, Hermann von, 56, 67, 70-2, 142n, 146n
King, John, 132n
Kipling, Rudyard, 84, 148n
Korda, Alexander, 149n
Korn, Francis, 131n
Krapf, Eduardo, 49
Kussrow, María Sofía, 127

L

La Nácion, 26, 31, 41-3, 61, 70, 104, 106, 109, 128, 132n, 135n, 155n
La Nota, 103-5
La Nueva República, 70, 145n
La Prensa, 132n
La Protesta, 132n
La Razón, 30
La Vida Literária, 111

Lamarque, Nydia, 23, 103
Lange, Norah, 23, 103, 131n
Lanuza, Eduardo González, 46, 49--50, 74, 138n, 144n, 148n
Lao, Tao (pesudônimo de Alfonsina Storni), 106
Laos, Verónica Meo, 129n
Larbaud, Valery, 131n
Le Corbusier, 49, 137n
Leavis, F. R., 79
Leiris, Michel, 55, 141n
Lelong, Lucien, 52
Lettres Françaises, 42, 135n
Lewis, Sinclair, 91, 152n
Liernur, Jorge F., 131n
Lima, Jorge de, 65, 145n
López, Francisco Solano, 83
Los Pensadores, 30
Losada, Leandro, 134n
Louis, Annick, 150n
Lubitsch, Ernst, 79
Lugones, Leopoldo, 21, 68, 70, 86, 99-101, 109-11, 117, 130n, 151n, 154n
Lynch, Benito Suárez, (pseudônimo da parceria Jorge Luis Borges e Adolfo Bioy Casares), 87, 103, 151n

M

MacLeish, Archibald, 143n
Maeztu, María de, 49
Magarza, Susana, 131n
Mallea, Eduardo, 14, 40-2, 49, 52, 56, 66, 68-70, 72-5, 78, 141n, 146-7n, 162
Malraux, André, 135n, 142n
Mannheim, Karl, 64
Mansilla, Lucio Victorio, 52, 145n
Mantovani, Frida Schultz de, 136n
Marañon, Gregorio, 53, 139n
Marechal, Leopoldo, 25, 46, 74, 77, 147-8n
Maritain, Jacques, 54, 58-62, 139n, 143-4n
Mármol, Blanca, 153n
Mármol, Mabel, 158-9n
Martín Fierro, 9, 26, 30, 36-7, 46, 111, 132n
Martínez, Carlos Dámaso, 153n
Matamoro, Blas, 132n, 135n
Maurois, André, 142n, 144n
Mayo, Archie, 149n
McLaglen, Victor, 149n
Mejía, José María Ramos, 68
Mendelsohn, Erich, 49, 138n
Mendes, Murilo, 65
Méndez, Evar, 25, 30, 36-7, 132n
Métraux, Alfred, 137n
Meyer, Doris, 135n, 182
Miceli, Sergio, 129-30n, 134n, 138n, 145n, 150n, 152n
Michaux, Henri, 137n
Mistral, Gabriela, 22, 123
Modigliani, Amedeo, 46
Mom, Amparo, 26
Mom, Arturo, 26
Monegal, Emír Rodríguez, 16, 152--53n, 158-9n
Montenegro, Roberto, 137n
Montherlant, Henry de, 55
Moraes, Vinicius de, 65
Morand, Paul, 55
Moreno, Baldomero Fernández, 103, 154n
Moreyra, Álvaro, 34
Mounier, Emmanuel, 60, 147n
Mundo Argentino, 103, 122
Munner, Francisco, 25
Munson, Gorham, 152n
Munyo, Jules Supervielle, 47, 135-6n

Murat, Ulyses Petit de, 25
Murillo, Bartolomé Esteban, 45
Murmis, Miguel, 134n
Murry, John Middleton, 147n
Muschietti, Delfina, 153n
Mussolini, Benito, 49, 57

N

Nabuco, Joaquim, 21
Neiburg, Federico, 134n
Neruda, Pablo, 22, 56, 142n
Nervo, Amado, 154n
Nery, Adalgisa, 65, 145n
Nichols, Dudley, 149n
Nicoll, Allardyce, 149n
Nobile, Beatriz de, 131n
Nosotros, 36, 101, 103, 109, 132n
Nouvelle Revue Française (NRF), 47, 52-7, 60-1, 66, 141n

O

O'Flaherty, Liam, 149n
Ocampo, Julia Rebecca Ocampo Y, 46
Ocampo, Manuel, 137n
Ocampo, Silvina, 30, 75-6, 87, 137n, 148n, 151n
Ocampo, Victoria, 11, 30, 37-9, 41-4, 46-9, 51, 53-5, 60-3, 74-5, 111, 129n, 135-40n, 143-4n, 147, 162-5
Oliver, Maria Rosa, 40, 49-50, 56, 89, 136n, 144n, 152n, 162
Ollivier, Louis, 60, 143n
Orden Cristiano, 65-6
Orgambide, Pedro, 152n
Ortega Y Gasset, José, 53, 56, 67, 142n

Ortiz, Raúl Scalabrini, 68
Ortiz, Roberto, 64, 69

P

Pacheco, Marcelo E., 134n, 136n
Padilla, Nenona, 162
Palacio, Ernesto, 70, 140n, 145n
Papel y Tinta, 101, 109
Passos, John Dos, 91
Pasternac, Nora, 133n
Patout, Paulette, 131n
Paulhan, Jean, 47, 54-5, 141n
Paulin, Laura Girondo Uriburu de, 136n
Payró, Julio E., 50, 126, 154n
Paz, Julieta Gómez, 153n
Péguy, Charles, 61
Pellegrini, Carlos, 45
Peña, Enrique, 45
Peña, Juan Gregorio, 45
Perón, Eva, 11, 80
Perón, Juan Domingo, 66
Pétain, Henri Philippe, 59
Picasso, Pablo, 46, 137n
Pio XI, 57-8
Piva, Arturo Suárez, 152n
Pividal, Rafael, 144n
Pleitez, Tania, 153n, 158n, 182
Podlubne, Judith, 133n
Poe, Edgar Allan, 83, 101
Portantiero, Juan Carlos, 134n
Portinari, Cândido, 19, 23, 65, 131n, 142n, 145n
Prado Júnior, Caio, 93
Prebisch, Alberto, 137n
Prieto, Adolfo, 76, 130n, 148n
Proa, 26, 30, 37
Proust, Marcel, 94
Provenzano, Sergio, 133n
Pueyrredón, Prilidiano, 137n

Q

Queen, Ellery (pseudônimo dos escritores Frederic Dannay e Manfred B. Lee), 83, 149n
Queneau, Raymond, 55
Quesada, Ernesto, 68
Quiroga, Darío, 154n
Quiroga, Eglé, 117, 125-7, 154n
Quiroga, Horacio Silvestre, 12, 15-7, 43, 50, 96-100, 103, 108-12, 117, 119, 124-7, 153-5n, 158-9n, 170-2
Quiroga, Pastora, 100
Quiroga, Prudencio (irmão de Horacio Quiroga), 100
Quiroga, Prudencio (pai de Horacio Quiroga), 99, 159n

R

Rama, Angel, 130n
Ramírez, Pedro Pablo, 145n
Ramos, Graciliano, 94
Rapper, Irving, 149n
Ravel, Maurice, 51-2
Rego, José Lins do, 91
Renéville, André Rolland de, 55, 141n
Renoir, Claude, 46
Resende, Otto Lara, 34
Revista de Occidente, 53, 135n, 142n
Revista do Brasil, 10
Reyes, Alfonso, 22-3, 131n
Reyes, Alicia, 131n
Reyes, Manoelita Mota de, 131n
Richards, Ivor Armstrong, 79
Rocca, Pablo, 155n
Rochelle, Pierre Drieu la, 41, 54-6, 61, 139-42n
Rojas, Ricardo, 39, 68, 76, 135n
Romero, Francisco, 150n, 162
Romero, José Luis, 41, 63-4, 71-2, 74, 130n, 144n, 146-7n,
Rosas, Juan Manuel, 52, 69-70, 76, 146n
Rossi, Attilio, 50
Rougemont, Denis de, 49, 60
Routín, Alberto, 120
Roxlo, Conrado Nalé, 131n, 153n, 158-9n
Russel, Bertrand, 62, 145n

S

Sabino, Fernando, 34
Saenz Peña, Roque, 9
Salinas, Pedro, 141n
Sapiro, Gisèle, 139n, 141n
Sarfatti, Marguerita, 49
Sarlo, Beatriz, 130-1n, 133-5n, 152n
Sarmiento, Domingo Faustino, 68, 72, 83, 138n
Sartre, Jean-Paul, 55, 141n
Saslavsky, Luis, 149n
Scheler, Max, 151n
Schlumberger, Jean, 55
Schopenhauer, Arthur, 148n
Scobie, James, 130n
Scrutiny, 80
Serna, Ramón Gómez de la, 22, 52, 56, 139n, 162
Shaw, George Bernard, 76
Silvestrin, Graciela, 131n
Simon, Pierre-Henri, 140n, 144n
Singerman, Berta, 156n
Siqueiros, David Alfaro, 22
Sitman, Rosalie, 133n
Sofovich, Luisa, 141n
Sol y Luna, 53
Spengler, Oswald, 72
Steinbeck, John, 152n
Steiner, Max, 149n
Sternberg, Josef von, 79, 83, 149n

Stevenson, Robert Louis, 150n
Storni, Alejandro, 128
Storni, Alfonsina Carolina, 12, 15, 17, 13, 23, 43, 50, 96-9, 101-7, 110-24, 127-8, 153-9n, 166-9
Storni, Alfonso, 101
Storni, Ángel, 101
Storni, Antonio, 101-2
Storni, Pablo, 101
Stravinsky, Igor, 140n
Supervielle, Bernard, 47
SUR, 10, 12-5, 17, 30, 37-50, 52-60, 62-75, 78-9, 81-3, 88-94, 111, 135-52n, 161
Swinburne, Algernon, 76, 148n

T

Tálice, Roberto, 132n
Tarcus, Horacio, 129n, 154n
Terán, Oscar, 134n
Terrero, Manuela Rosas de, 11
Thorlichen, Gustav, 137n
Tiempo, César, 155n
Tolstói, Liev, 90
Torre, Guillermo de, 22, 50, 56, 62, 74, 136n, 138n, 142n, 147n, 162
Torre, Lidia de la, 131n
Toulouse-Lautrec, Henri de, 46
Tracy, Spencer, 150n
Transition, 143n
Tuñón, Enrique González, 25-6
Tuñón, Raúl González, 25-7
Turner, Lana, 150n

U

Ureña, Pedro Henríquez, 49, 131n, 162
Uriburu (família), 46
Uriburu, José Evaristo, 136n
Uriburu, José Félix, 9, 26, 39, 47, 136n
Utrillo, Maurice, 46

V

Valéry, Paul, 47, 55, 141n
Vargas, Getúlio, 23, 64-5, 69, 94
Verissimo, Erico, 91
Veríssimo, José, 21
Villa, José Moreno, 141n
Villordo, Oscar Hermes, 133n
Viñas, David, 130n
Virasoro, Rafael, 150n

W

Wahl, Jean, 55
Weibel-Richard, Robert, 137n, 143n
Welles, Orson, 149n
Wells, H. G., 76, 149n
Williams, Raymond, 43, 135n
Wilson, Patricia, 133n

Y

Yrigoyen, Hipólito, 39, 70, 136n

Z

Zama, José, 139n
Zamora, Antonio, 25, 30
Zanatta, Loris, 139n
Zuleta, Emilia de, 131n
Zweig, Stefan, 142n

Agradeço à Editora Todavia, em especial a Flávio Moura, pelo interesse e empenho na feitura do livro. Sinto-me honrado em participar da fornada inaugural de ensaios com chancela de um projeto editorial generoso e inovador no campo das humanidades. Estendo a dívida aos colegas do departamento de sociologia – em particular, os companheiros na área de sociologia da cultura, Fernando Pinheiro, Luiz Carlos Jackson e Maria Arminda do Nascimento Arruda –, bem como aos orientandos e demais pós-graduandos atuantes no Núcleo de Sociologia da Cultura da Faculdade de Filosofia, Letras e Ciências Humanas da Universidade de São Paulo. Quero também consignar o auxílio concedido pelo Cnpq por meio da bolsa de produtividade indispensável à realização deste projeto de pesquisa. Reitero o reconhecimento à leitura crítica e arguta de Heloisa Pontes, minha mulher e parceira.

As imagens deste livro foram reproduzidas a partir das seguintes obras de referência: *Horacio Quiroga: Diario y Correspondencia* (Buenos Aires: Losada, 2007); *Alfonsina Storni: Poesia, Ensayo, Periodismo, Teatro* (Buenos Aires: Losada 1999); Laura Ayerza de Castilho e Odile Felgine, *Victoria Ocampo* (Barcelona: Circe Ediciones, 1998); Doris Meyer, *Victoria Ocampo: Against the Wind and the Tide* (Austin, University of Texas Press, 1990); Emir Rodriguez Monegal, *Genio y Figura de Horacio Quiroga* (Buenos Aires: Editorial Universitaria de Buenos Aires, 1967); Tania Pleitez, *Alfonsina Storni: mi Casa es el Mar* (Madri: Espasa, 2003); María Esther Vázquez, *Victoria Ocampo: El Mundo como Destino* (Buenos Aires: Seix Barral, 2002).

© Sergio Miceli, 2018

Todos os direitos desta edição reservados à Todavia.

Grafia atualizada segundo o Acordo Ortográfico da Língua Portuguesa de 1990, que entrou em vigor no Brasil em 2009.

capa
Elaine Ramos
imagens de capa
Horacio Coppola: Gentileza Galería
Jorge Mara – La Ruche
preparação
Ana Cecília Água de Melo
revisão
Ana Alvares
Julia Barreto
índice onomástico
Débora Donadel
produção gráfica
Aline Valli

Dados Internacionais de Catalogação na Publicação (CIP)
———
Miceli, Sergio (1945-)
Sonhos da periferia: Inteligência argentina
e mecenato privado: Sergio Miceli
São Paulo: Todavia, 1ª ed., 2018
184 páginas

ISBN 978-85-93828-38-6

1. Ensaio 2. Sociologia 3. Sociologia da cultura
4. Literatura argentina 4. Modernismo I. Título

CDD 869.4
———
Índices para catálogo sistemático:
1. Ensaio: Sociologia 869.4

todavia
Rua Luís Anhaia, 44
05433.020 São Paulo SP
T. 55 11. 3094 0500
www.todavialivros.com.br

fonte
Register*
papel
Munken print cream
80 g/m²
impressão
Geográfica